W0322985

Leben gestalten

Unterrichtswerk für den katholischen Religionsunterricht am Gymnasium

5. Jahrgangsstufe

Zugelassen als Lehrbuch für den katholischen Religionsunterricht von den Diözesanbischöfen von Augsburg, Bamberg, Eichstätt, München und Freising, Passau, Regensburg und Würzburg

Leben gestalten

Unterrichtswerk für den katholischen Religionsunterricht am Gymnasium 5. Jahrgangsstufe

Herausgegeben von Bernhard Gruber

Erarbeitet von Bernhard Gruber, Franz Hertle, Karlheinz Nebel, Reinhard Rolvering und Cäcilia Spinner-Stockinger

Auer Verlag GmbH

I. Ein Neubeginn – miteinander leben, lernen und den Glauben entdecken . 6

1. Wir stellen uns vor . . . 8
2. Jeder ist einmalig . . . 10
3. Ich habe dich bei deinem Namen gerufen . . . 12
   Festkalender: Namenstage . . . 13
4. Unsicherheit und Angst . . . 14
   Methode: Standbild . . . 15
5. Wir leben mit anderen
   Wir sitzen alle im gleichen Boot . . . 16
   Auf die Gemeinschaft kommt es an . . . 17
   Methode: Klassenvertrag . . . 18
6. Gott nahe sein im Gebet
   Gemeinschaft zeigt sich . . . 20
   Gemeinsam beten . . . 21
   Psalmen . . . 22
   Psalmen – uralt und immer wieder neu . . . 23
   Wann betest du? . . . 24
   Der ideale Zuhörer . . . 25
   Freie Gebete . . . 26
   Gebetshaltungen . . . 27
   Religiöses Leben in der Schule . . . 28
7. Ideenbörse . . . 29
8. Zusammenfassung . . . 30

II. Wie Menschen sich Gott vorstellen – Abraham begegnet dem einen Gott 32

1. Staunen und fragen . . . 34
2. Fragen und zweifeln . . . 36
   Methode: Schreibgespräch . . . 37
3. Gott – eine Antwort? . . . 38
4. Gottesvorstellungen heute . . . 40
5. Gottesvorstellungen von Menschen aus vergangenen Zeiten
   Der Mythos vom Anfang und Ende bei den Germanen . . . 42
   Die Vorstellung vom Leben nach dem Tod bei den Ägyptern . . . 44
   Kontaktaufnahme mit den Göttern bei den Griechen . . . 46
6. Der Gott Abrahams ist anders
   Abrahams Berufung . . . 48
   Ein Gott, der seine Versprechen hält . . . 50
   Ein Gott, der keine Menschenopfer will . . . 52
7. In der Wurzel vereint . . . 54
8. Der Glaube an einen Gott . . . 55
9. Ideenbörse . . . 56
10. Zusammenfassung . . . 57

III. Die Bibel: Erfahrungen unseres Glaubens in einem Buch . . . 58

1. Die Bibel im Alltag . . . 60
2. Die Bibel erzählt von Gottes Gegenwart
   Jakobs Erfahrungen mit Gott . . . 62
   Jakobs Kampf . . . 64

Josef und seine Brüder ... 66
Methode: Höhen und Tiefen einer Erzählung gestalten ... 67
3. Ein Erinnerungs- und Hoffnungsbuch entsteht ... 74
4. Erfahrungen mit Gott – unterschiedlich formuliert ... 76
5. Die Bibel als kleine Bibliothek ... 78
Methode: Sich in der Bibel zurechtfinden ... 79
6. Der Bibel auf der Spur
Wie die Bibel überliefert wurde ... 80
Die Sprachen der Bibel ... 81
Von der Papyrusrolle bis zur Bibel im Internet ... 82
Die Bibel heute ... 84
7. Ideenbörse ... 86
8. Zusammenfassung ... 87

IV. Gott zeigt sich neu: Jesus von Nazaret und seine Botschaft ... 88
1. Ein Poster von Jesus? ... 90
2. Zeit-Reise ... 91
3. Als alles begann ... 94
Festkalender: Weihnachten ... 96
4. Anders denken – anders handeln ... 98
5. Jesus provoziert und verändert ... 100
6. Jesus provoziert und verändert – auch heute? ... 101
Methode: Kommentierte Pantomime ... 102
7. Aufrichten – damals und heute ... 104
8. Die Begeisterung hält an
Max Buchner: Ein Ministrantenleiter ... 106
Die Wenigs und der Mehrwert Menschlichkeit ... 107
9. Ideenbörse ... 108
10. Zusammenfassung ... 109

V. Unsere Kirchen: „Ortszeichen" weltweiten christlichen Glaubens ... 110
1. Gebäude mit besonderer Atmosphäre ... 112
2. Wo man Gott ganz nahe sein kann ... 113
Methode: Erschließung eines Kirchenraums ... 114
Festkalender: Patrozinium und Kirchweihfest ... 115
3. Kleine Kirchenkunde ... 116
4. Vergangenheit kann spannend sein ... 118
Methode: Historische Erkundung ... 119
5. Kleine Baustilkunde ... 120
6. Fotosafari durch Bayern ... 122
7. Wenn Steine reden könnten ... 123
8. Eine neue Kirche entsteht ... 124
9. Vielfalt der Kirche
Kirchen im Mittelpunkt ... 126
Im Zentrum der Weltkirche: Der Petersdom ... 128
Ein Haus aus lebendigen Steinen ... 130
10. Ideenbörse ... 132
11. Zusammenfassung ... 133

Grundkenntnisse ... 134

I. Ein Neubeginn – miteinander leben, lernen und den Glauben entdecken

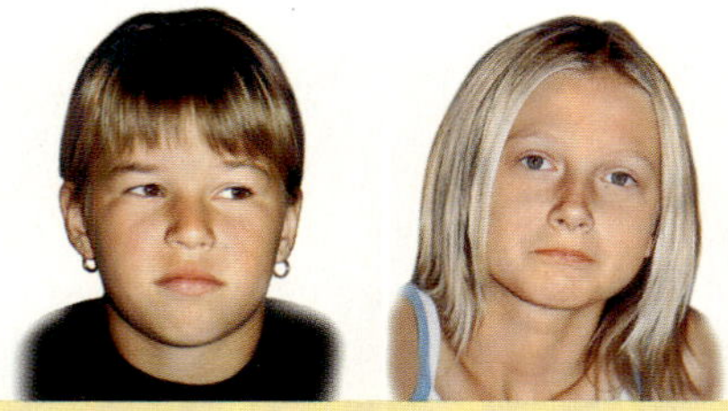

Lisa: Hallo! Ganz schön aufregend hier, oder?

Bea: Klar! Und viele kenne ich gar nicht!

Lisa: Meine Schwester ist schon hier an der Schule, in der 7b. Sie sagt, unsere Lehrerin sei nett.

Andi: Na Gott sei Dank! Ich heiße Andi und komme von der Carl-Spitzweg-Schule, und du?

Lisa: Ich bin die Lisa und ...

Ein Spiel zum Kennenlernen

Anna erzählt zu Hause von ihrem ersten Schultag am Gymnasium. Besonders hat ihr ein Spiel gefallen, das ihre Klassleiterin Frau Mitterer mit der ganzen Klasse gespielt hat. „Zuerst mussten wir einen Stuhlkreis bilden. Dann machte Frau Mitterer den Anfang. Sie ist aufgestanden und hat gesagt, was sie gerne mag. ‚Ich verreise gern!' Alle, die auch gern verreisen, durften aufstehen, die anderen mussten sitzen bleiben. Dann ging's weiter. Jeder durfte sich hinstellen und sagen, was er gern macht, und je nach dem standen die anderen dann auf oder blieben sitzen. Ich war ganz überrascht, dass vier meiner neuen Mitschülerinnen auch zum Reiten gehen. Einmal stand ich ganz allein – macht auch nichts!"

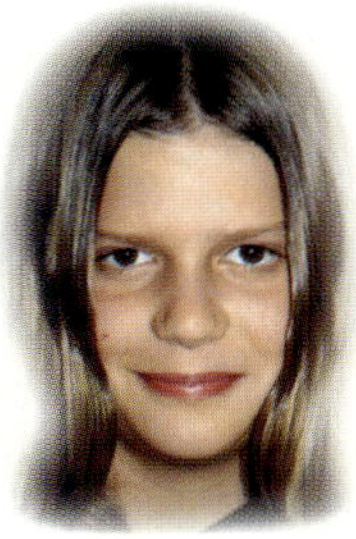

Sandra heiße ich und bin erst seit kurzem hier. Wir sind gerade umgezogen, weil mein Vater hier im Ort eine Stelle bekommen hat. Wir haben eine schöne Wohnung gefunden und ich freue mich auf die neue Klasse. Ich finde sicher neue Freunde, aber meine alten vermisse ich schon noch sehr!

Mein Name ist Verena. Ich wohne mit meinen Eltern und meinem Bruder in einem Haus mit einem großen Garten. Mein Bruder ist zwei Jahre älter und ärgert mich oft. Ich habe aber ein eigenes Zimmer, oben im 2. Stock.

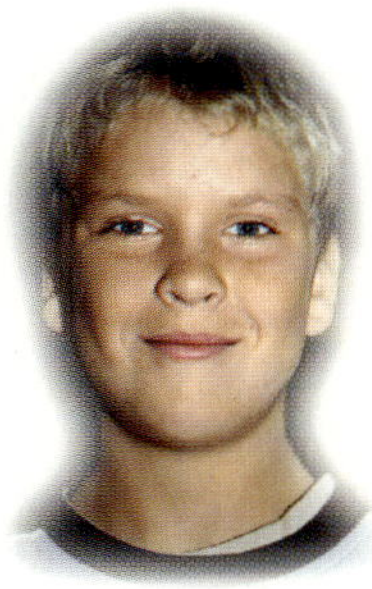

Ich heiße Peter. Wir sind ein richtiger Männerhaushalt. Mein Bruder Robert, mein Vater und ich müssen alles allein machen, seit Mutter vor zwei Jahren gestorben ist. Kochen, Putzen und so ist ja nicht so schlimm, aber Mama fehlt mir! Da Papa untertags arbeiten muss, sehe ich ihn meist erst am Abend. Wenigstens kommt Oma manchmal und verwöhnt uns.

Ich heiße Luisa und habe noch eine Schwester. Meine Eltern sind geschieden. Ich lebe normal bei meiner Mutter, jedes zweite Wochenende bin ich bei meinem Vater. Die Ferien werden so aufgeteilt, dass immer was los ist. Manchmal ist es gar nicht einfach, weil Kurt, das ist mein Vater, eine neue Frau hat. Die ist ganz nett und hat auch Kinder. So habe ich eigentlich drei Schwestern.

Hallo, ich bin die Tamara. Bei mir arbeiten beide Elternteile. Ich bin ja schon groß. Seit diesem Jahr habe ich einen eigenen Schlüssel bekommen, weil ich manchmal vor meiner Mama daheim bin. Früher war ich im Hort, da war es ganz lustig. Jetzt ist es ziemlich still, weil ich keine Geschwister habe. So kann mich zwar kein großer Bruder ärgern, aber manchmal hätte ich ganz gern jemand zum Spielen.

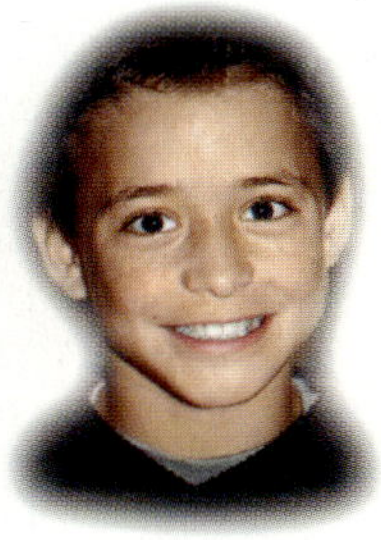

Ich heiße Michael. Bei uns ist immer was los. Wir sind vier Kinder, drei Buben und ein Mädchen. Wir haben einen großen VW-Bus, damit alle ins Auto passen. Am meisten Trubel ist beim Essen, weil da alle da sind.

?!

- Welche dieser Kinder haben mit dir etwas gemeinsam?
- Bildet einen Stuhlkreis und führt eine Vorstellungsrunde durch! Dazu erzählt jeder drei Minuten lang seinem linken Nachbarn von sich, von seiner Familie und von seinen Freunden. Sein Partner hört zu. Dann werden die Rollen getauscht. Jetzt kann jeder seinen Partner in der Klasse vorstellen!

Die Fingerabdrücke von allen Menschen sind zum Verwechseln ähnlich.
Und doch hat jeder Mensch seinen eigenen, unverwechselbaren Fingerabdruck.
Seit langem schon weist die Polizei damit nach, wer etwas mit seinen Fingern berührt hat.

Hier siehst du zwei menschliche Haare unter einem Mikroskop vergrößert.
Sogar an einem einzelnen Haar kann man mit einer DNA-Analyse einen Menschen zweifelsfrei identifizieren.

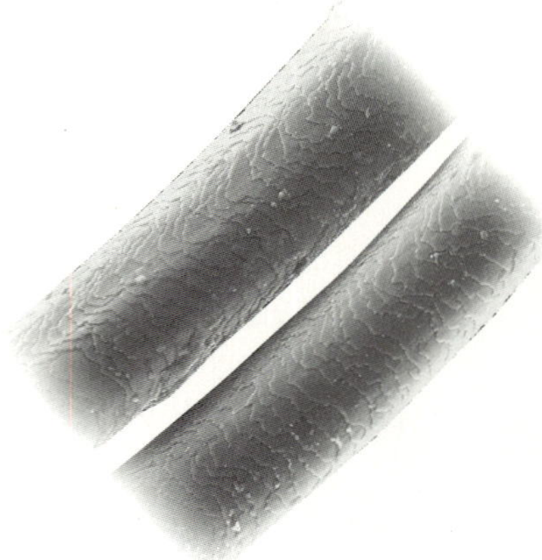

Ich danke dir, dass du mich so wunderbar gestaltet hast.
Ich weiß: Staunenswert sind deine Werke.

Psalm 139,14

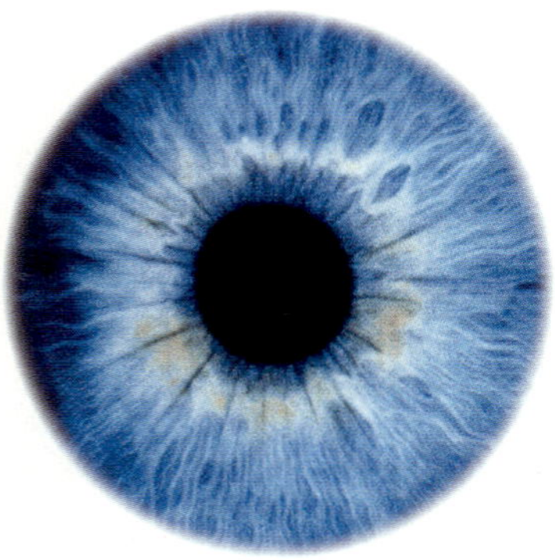

Auch die schöne Regenbogenhaut jedes Menschen ist absolut einmalig.
Es gibt technische Geräte, mit denen man Personen durch Vergleichen dieses Teils des Auges erkennen kann.

?!

- Male dich in einer Situation, in der du dich besonders wohl fühlst!
- Stelle – nur für dich – auf einer Liste zusammen, was deiner Meinung nach an dir einmalig ist!
- Überlege, wo deine persönlichen Stärken, aber auch deine Schwachstellen liegen!

Ich komm', weiß nit woher,
ich bin und weiß nit wer,
ich leb', weiß nit wie lang,
ich sterb' und weiß nit wann,
ich fahr', weiß nit wohin:
Mich wundert's, dass ich fröhlich bin.

[...]

Hans Thoma

?!

- Vergleiche das Gedicht mit dem Lied auf dieser Seite!
- Begründe, welche Aussagen am ehesten auf dich zutreffen!

Vergiss es nie

Text : Jürgen Werth
Melodie: Paul Janz

2. Vergiss es nie:
Niemand denkt und fühlt und handelt so wie du und niemand lächelt so, wie du's grad tust.
Vergiss es nie: Niemand sieht den Himmel ganz genau wie du
und niemand hat je, was du weißt, gewusst.

Refrain: ...

3. Vergiss es nie:
Dein Gesicht hat niemand sonst auf dieser Welt
und solche Augen hast alleine du.
Vergiss es nie: Du bist reich, egal, ob mit, ob ohne Geld,
denn du kannst leben, niemand lebt wie du!

Refrain: ....

Mein Name

M *arzipan mag ich.*

O *pa erzählt mir tolle Geschichten.*

N *udeln schmecken mir.*

I *gel finde ich süß.*

K *athrin heißt meine beste Freundin.*

A *meisen hasse ich.*

Jetzt aber – so spricht der Herr, der dich geschaffen hat und der dich geformt hat:

Fürchte dich nicht, ich habe dich beim Namen gerufen, du gehörst mir.

(nach Jesaja 43,1)

… „Sofie Amundsen", stand auf dem kleinen Briefumschlag. „Kløverveien 3". Das war alles, kein Absender. Der Brief hatte nicht einmal eine Briefmarke.

Sowie Sofie das Tor hinter sich geschlossen hatte, öffnete sie den Briefumschlag. Darin fand sie nur einen ziemlich kleinen Zettel, nicht größer als der dazugehörende Umschlag. Auf dem Zettel stand: Wer bist du? …
Sofie warf die Schultasche in die Ecke und stellte Sherekan eine Schale mit Katzenfutter hin. Dann ließ sie sich mit dem geheimnisvollen Brief in der Hand auf einen Küchenhocker fallen.
Wer bist du?
Wenn sie das wüsste! Sie war natürlich Sofie Amundsen, aber wer war das? Das hatte sie noch nicht richtig herausgefunden. Wenn sie nun anders hieße? Anne Knutsen zum Beispiel. Wäre sie dann auch eine andere?
Plötzlich fiel ihr ein, dass ihr Vater sie so gerne Synnøve genannt hätte. Sofie versuchte sich auszumalen, wie es wäre, wenn sie die Hand ausstreckte und sich als Synnøve Amundsen vorstellte – aber nein, das ging nicht. Dabei stellte sie sich die ganze Zeit eine Andere vor.
Nun sprang sie vom Hocker und ging mit dem seltsamen Brief in der Hand ins Badezimmer. Sie stellte sich vor den Spiegel und starrte sich in die Augen.
„Ich bin Sofie Amundsen", sagte sie.
Das Mädchen im Spiegel schnitt als Antwort nicht einmal die kleinste Grimasse …

?!

- Wäre Sofie Amundsen eine andere, wenn sie Anne Knutsen hieße?
- Gestalte eine Seite in deinem Religionsheft über deinen Namen! Beginne mit jedem Buchstaben deines Namens jeweils einen Satz! Zeichne ein Tier, das den gleichen Anfangsbuchstaben hat und male noch mehr, was dir zu deinem Namen einfällt!
- Weißt du, warum deine Eltern dir gerade diesen Namen gegeben haben?
- Weißt du, was dein Familienname bedeutet? Woher kommt der Name?

Namenstage

Der Namenstag ist der Tag, an dem der Namenspatron seinen Gedenktag im Heiligenkalender hat. Dabei handelt es sich meist um seinen Todestag, gilt doch der Todestag für uns Christen als Geburtstag für das neue, nicht mehr endende Leben bei Gott. (Deshalb war der Namenstag in katholischen Gegenden früher auch wichtiger als der „normale" Geburtstag.)

Nach christlichem Verständnis ist ein Heiliger ein Mensch, der zu Lebzeiten dem Vorbild Jesu nacheiferte und deshalb meist sehr viel Gutes für seine Mitmenschen tat. Wenn ein solcher Mensch nach seinem Tod vom Papst offiziell heilig gesprochen wird, kann er in der ganzen Kirche als Fürsprecher bei Gott verehrt werden.

Um das Leben der Heiligen ranken sich zahlreiche Legenden. Durch solche Ausschmückungen soll ihre vorbildliche Lebensweise besonders betont werden.

Zu vielen Gedenktagen gibt es besondere Bräuche:

- Am 11. November ziehen Kinder und Eltern mit vielen Laternen durch den Ort und singen Martinslieder. Häufig wird auch gespielt, wie der heilige Martin den Mantel teilt.
- Am Gedenktag der heiligen Barbara (4. Dezember) werden Zweige in eine Vase gestellt, damit sie an Weihnachten aufblühen.
- Zum Nikolaustag kannst du sicher selbst viel erzählen!

Martin Dörfel

Der heilige **Martin** musste auf Wunsch seines Vaters Soldat werden. Weil Christsein und Soldatentum sich seiner Meinung nach nicht vereinbaren ließen, trat er später aus dem Militärdienst wieder aus. Zuvor geschah nach der Legende, was ihn weltberühmt machte: Am Stadttor von Amiens (Frankreich) begegnete ihm ein frierender Bettler, dem er die Hälfte seines mit dem Schwert geteilten Mantels gab. In der folgenden Nacht erschien ihm Christus, bekleidet mit dem Mantelstück: Er war es, der von Martin beschenkt worden war.

Die Mantelspende des Hl. Martin. Gemälde (um 1440)

Babsi Weber

Nach der Legende wurde **Barbara** am Ende des 3. Jh. von ihrem heidnischen Vater, der seine bildschöne Tochter eifersüchtig bewachte, in einem Turm eingeschlossen. Während der Vater auf Reisen war, ließ sich Barbara taufen. Der darüber erzürnte Vater übergab sie dem römischen Statthalter, der sie wegen ihres Glaubens hinrichten ließ. Als eine der 14 Nothelfer(innen) wird Barbara besonders zum Schutz vor jähem Tod und als Beistand der Sterbenden angerufen.

Jan van Eyck: Die Hl. Barbara. Ölgemälde (1437)

Klaus Mayer

Nikolaus wurde um 300 zum Bischof von Myra (Türkei) geweiht. Während der bald darauf einsetzenden Christenverfolgungen wurde er gefangen genommen und gefoltert. Viele Legenden erzählen von seiner Mildtätigkeit. So konnte er durch Geldgeschenke, die er heimlich durch den Kamin in die darin aufgehängten Socken warf, verhindern, dass der Vater einer verarmten Familie seine drei Töchter zur Prostitution freigeben musste. Nikolaus gilt als Helfer in allen Schwierigkeiten, als Gabenbringer ist er bei Kindern sehr beliebt.

Tintoretto: Der Hl. Nikolaus. Ölgemälde (1567)

?!

- Informiere dich über deinen Namenspatron! Gibt es Bräuche, die mit diesem Heiligen in einem Zusammenhang stehen? Wenn ja, welche? (Falls du mit diesem Arbeitsauftrag Probleme hast: unter www.heiligenlexikon.de findest du bestimmt etwas!)
- Gestaltet einen Namenstagskalender für eure Klasse!
- Welche euch bekannten Straßen oder Plätze sind nach Heiligen benannt? Gibt es bestimmte Bräuche, die mit diesen Heiligen zusammenhängen? Wenn ja, welche?

Wenn Michael abends im Bett liegt und es dunkel ist, geht ihm viel durch den Kopf. Manchmal hört er ein unbekanntes Geräusch, und er wird ganz still. Er lauscht. Er spürt einen Druck auf seinem Herzen. Dann kann er nicht einschlafen und liegt lange wach. Findet er Freunde in der neuen Klasse? Bleibt er in der Pause allein stehen oder kommt jemand zum Spielen? Aus seiner Grundschulklasse ist nur Philipp ans gleiche Gymnasium mitgegangen. Dann fällt ihm auch noch Claudius ein, sein Cousin. Er ist zwei Jahre älter als Michael und geht in die 6c. Er hatte das letzte Jahr ganz schlechte Noten und musste deshalb die 6. Klasse wiederholen. Immer wieder sagt er, das Gymnasium sei viel schwerer als die Grundschule. Dabei war Claudius richtig gut in der Grundschule!

Michael denkt an diesem Abend noch über Vieles nach. Ihm gehen die Bilder aus der Tagesschau durch den Kopf, die eine Hochwasserkatastrophe gezeigt haben. Was ist, wenn sein Haus überschwemmt wird? Wenn er deshalb ganz woanders hin muss? Und er erinnert sich an den letzten Streit seiner Eltern, als seine Mutter ganz verzweifelt war. Mitten in der Nacht hat sie Vater angeschrien: „Wenn du immer nur an deinen Job denkst, kannst du gleich die Firma heiraten!“ Was soll denn sein, wenn sich seine Eltern trennen? Wo kommt er dann hin? Er hat doch beide lieb. Susanne, die mit ihm in der Grundschule war, sieht ihren Vater nur am Wochenende.

Michael liegt noch lange wach.

?!

- Überlegt, ob ihr ähnliche Gedanken wie Michael habt! Was macht *euch* unsicher, wovor habt *ihr* Angst?
- Drückt die Gefühle, die *euch* zurzeit besonders bewegen, in einem Standbild aus!

Standbild

In einer Gruppe kann man Gefühle und Situationen gut in einem „Standbild" darstellen.

„Angst"

Das geht so:

1. Zuerst müsst ihr einen Platz im Klassenzimmer als Bühne herrichten, indem ihr die Tische und Bänke dort zur Seite schiebt.
2. Jetzt teilt ihr euch in zwei Gruppen.
3. Jede Gruppe geht in eine Ecke des Zimmers und überlegt gemeinsam, wie sie ihr „Bild" machen will. Dazu muss zuerst ein besonders kreativer Mitspieler in Position gehen. Der nächste kommt hinzu und erweitert das Bild. So geht es weiter, bis alle in das Bild eingebaut sind.

„Freude"

4. Sind beide Gruppen nach einigen Probedurchläufen mit ihrem Ergebnis zufrieden, kommt es zur Aufführung: Die erste Gruppe beginnt, indem sie wie geprobt ihr Bild der Reihe nach aufbaut. Wenn der letzte Mitspieler seinen Platz eingenommen hat, bleiben alle noch mindestens 15 Sekunden regungslos stehen (daher der Name Standbild!).
5. Die zweite Gruppe versucht zu erkennen, welches Gefühl oder welche Situation dargestellt sein soll. Dann wird getauscht.
6. Kleiner Tipp: Besonders interessant sind Gegensätze: Angst – Vertrauen; Trauer – Freude; Gemeinschaft – Außenseiter; ...

Ein Standbild kann aber nur dann richtig wirken, wenn ihr beim Aufstellen und auch beim Zuschauen leise seid. Wenn nur einer kichert oder Unfug macht, macht er den ganzen Versuch kaputt!

Wir sitzen alle im gleichen Boot

Lea: Heute haben wir in Reli ein tolles Spiel gemacht. Zuerst haben wir die Mitte des Klassenzimmers freigeräumt und dort alle Stühle zusammengestellt. Dann ist jeder auf einen Stuhl gestiegen. Sobald wir alle oben waren, hat Frau Bauer – du weißt, unsere Relilehrerin – einen Stuhl nach dem anderen von außen weggenommen.

Vera: Aber da fällt doch einer runter!

Lea: Nicht, wenn man zusammenrückt! Es geht darum, für die ganze Klasse möglichst wenig Stühle zu brauchen. Frau Bauer hat aber immer wieder gesagt: „Vorsicht! Das Wichtigste ist, dass keiner unglücklich stürzt und sich wehtut!"

Vera: Wie viele Stühle waren es denn am Schluss?

Im engen Boot

Lea: Zuerst 16, beim zweiten Mal aber nur noch 13. Da haben wir schon gewusst, dass man zusammenarbeiten muss. Peter hat gesagt, das sei wie beim Fußball, die Mannschaft, die zusammenhält, gewinnt meistens.

Vera: Wie viele seid ihr denn überhaupt in Reli?

Lea: 31!

Vera: Wow!

?!

- Was ist als Hilfe angenehm, was ist unangenehm, wenn man so eng zusammengepfercht steht?
- Sprecht darüber, was eine Gemeinschaft braucht!

Auf die Gemeinschaft kommt es an

Auf ausgedehnten Reisen erzählte der Apostel Paulus von Jesu Leben, seinem Tod und seiner Auferstehung. Die Menschen, die er von der Sache Jesu begeistern konnte, schlossen sich zu christlichen Gemeinden zusammen.
Wenn Paulus weiterreiste, blieb er mit den neuen Gemeinden in Briefkontakt.

Auch in Korinth hatte Paulus eine Gemeinde aufgebaut. Nach seiner Abreise bildeten sich innerhalb dieser Gemeinde verschiedene Gruppierungen, die bald heillos zerstritten waren.

Im Brief an die Korinther lesen wir, wie Paulus sie deshalb ermahnt:

„Auch der Leib besteht nicht nur aus e i n e m Glied, sondern aus vielen Gliedern. Wenn der Fuß sagt: Ich bin keine Hand, ich gehöre nicht zum Leib!, so gehört er doch zum Leib. Und wenn das Ohr sagt: Ich bin kein Auge, ich gehöre nicht zum Leib!, so gehört es doch zum Leib. Wenn der ganze Leib nur Auge wäre, wo bliebe dann das Gehör? Wenn er nur Gehör wäre, wo bliebe dann der Geruchssinn?

Nun aber hat Gott jedes einzelne Glied so in den Leib eingefügt, wie es seiner Absicht entsprach. Wären alle zusammen nur e i n Glied, wo bliebe dann der Leib? So aber gibt es viele Glieder und doch nur e i n e n Leib. Das Auge kann nicht zur Hand sagen: Ich bin nicht auf dich angewiesen. Der Kopf kann nicht zu den Füßen sagen: Ich brauche euch nicht. Im Gegenteil, gerade die schwächer scheinenden Glieder des Leibes sind unentbehrlich. Denen, die wir für weniger edel ansehen, erweisen wir um so mehr Ehre und unseren weniger anständigen Gliedern begegnen wir mit mehr Anstand, während die anständigen das nicht nötig haben. Gott aber hat den Leib so zusammengefügt, dass er dem geringsten Glied mehr Ehre zukommen ließ, damit im Leib kein Zwiespalt entstehe, sondern alle Glieder einträchtig füreinander sorgen. Wenn darum ein Glied leidet, leiden alle Glieder mit; wenn ein Glied geehrt wird, freuen sich alle anderen mit ihm."

1 Kor 12,14-26

Paulus Mosaikmedaillon, Ravenna (6. Jh.)

- Stellt einen Bezug her zwischen dem Bild vom Leib, das Paulus verwendet, und dem Bild auf der linken Seite!
- Was meint Paulus mit dem Bild vom Leib?
- Überlegt, welche Aufgaben ihr in der Klasse, in der Familie, im Sportverein, in der Pfarrgemeinde habt!

?!

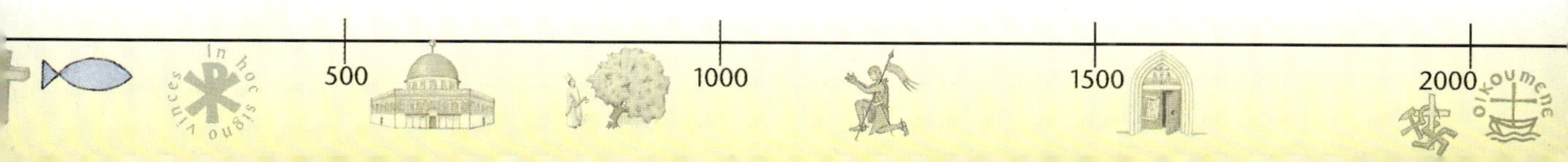

Klassenvertrag

Vera: Manchmal fühle ich mich gar nicht wohl in der Klasse. Einige sind ganz schön gemein.
Klara: Man müsste einen Vertrag schließen, der bestimmt, was erlaubt ist und was nicht.
Vera: Keine schlechte Idee. Die Lehrer müssten aber auch mitmachen.

Auch in einer Klasse können trotz noch so guter Vorsätze immer wieder Streitigkeiten aufkommen. Ein Klassenvertrag, den alle gemeinsam erarbeitet und dem alle freiwillig zugestimmt haben, kann dies zwar auch nicht absolut verhindern, er kann aber zu einem friedlicheren Zusammenleben viel beitragen. Ein Klassenvertrag macht selbst dann Sinn, wenn ihn nur eine Gruppe, zum Beispiel eine Religionsgruppe, ausarbeiten kann. Besser ist es aber natürlich, wenn die ganze Klasse daran beteiligt ist!

1. Für die „Vertragsverhandlungen" müssen als Erstes Gesprächsregeln festgelegt werden. Einen Vorschlag hierzu findet ihr im blauen Kasten unten. (Das Einhalten solcher Gesprächsregeln ist im Übrigen auch in anderen Stunden sinnvoll!)

Gesprächsregeln

1. Jeder ist sein eigener „Redeboss"!
   ➤ Niemand wird zum Reden gezwungen. Aber nur wer etwas sagt, kann seine Gedanken einbringen!
2. Jeder darf ausreden!
   ➤ Niemand wird unterbrochen, wenn er gerade spricht!
3. Wir kritisieren uns nicht und lachen uns nicht gegenseitig aus!
   ➤ Niemand soll sich komisch vorkommen, wenn er etwas nicht so genau weiß oder etwas falsch gesagt hat.
4. Wir vertrauen uns gegenseitig!
   ➤ Niemand soll Angst haben müssen, dass das, was zur Sprache kommt, **überall herumerzählt wird.**

2. Nun gilt es festzulegen, was der Vertrag alles regeln soll.
   Schreibt das, was euch hierfür wichtig erscheint, worüber ihr euch bisher geärgert habt, was ihr besser machen wollt, was ihr auf alle Fälle beibehalten wollt, ... auf kleine Kärtchen. Sprecht in der Kleingruppe über eure Stoffsammlung und streicht oder ergänzt entsprechend!

3. Die beschriebenen Karten werden nun eingesammelt und an eine Wand geheftet. Jetzt weiß man, wo Handlungsbedarf besteht!

4. Beim Einstieg in die inhaltliche Diskussion ist es hilfreich, Situationen, die in der Klasse schon vorgekommen sind, als Fallbeispiele zu diskutieren. Als Anregung findet ihr hier zwei Beispiele:

Fallbeispiel 1:
Uli geht in der Pause schnell nochmals ins Klassenzimmer zurück, um sein Pausebrot zu holen. Da sieht er, wie Jörg und Manfred durchs Zimmer rennen und dabei an die Schultasche von Klaus stoßen. Sie kippt um, und alle Bücher und Hefte fallen heraus. „Na, der wird sich schön ärgern," denkt Uli. Als Klaus nach dem Gong zurückkommt, sind schon einige seiner Stifte und Hefte zertrampelt.

Fallbeispiel 2:
In Erdkunde arbeitet die Klasse in Gruppen. Sabine sucht die Hauptstädte, Annette trägt die Flüsse auf der Karte farbig ein, Markus schaut im Atlas nach, wie die Gebirge heißen. Christian macht gar nichts.

Hierüber wird nun gruppenweise diskutiert: Was ist schief gelaufen? Was kann man besser machen?

5. Am Ende schreibt jede Gruppe ihre Vorschläge für die Regeln, die in der Klasse fortan gelten sollen, auf einen großen Bogen Papier.

6. Dann trägt jede Gruppe ihre Vorschläge vor. Ein Moderator (Lehrer oder Klassensprecher) leitet die oft sehr hitzig verlaufende Diskussion darüber, welche dieser Regeln nun in den gemeinsamen Klassenvertrag aufgenommen werden und welche nicht.

7. Erst wenn wirklich **alle** zustimmen, wird der Vertrag in Reinschrift auf ein Plakat geschrieben, von allen unterschrieben und im Klassenzimmer aufgehängt. Schön wäre es, wenn auch möglichst viele Lehrer unterschreiben würden!

8. Natürlich muss auch festgelegt werden, was geschehen soll, wenn sich jemand trotz seiner Unterschrift nicht an die vereinbarten Regeln hält.

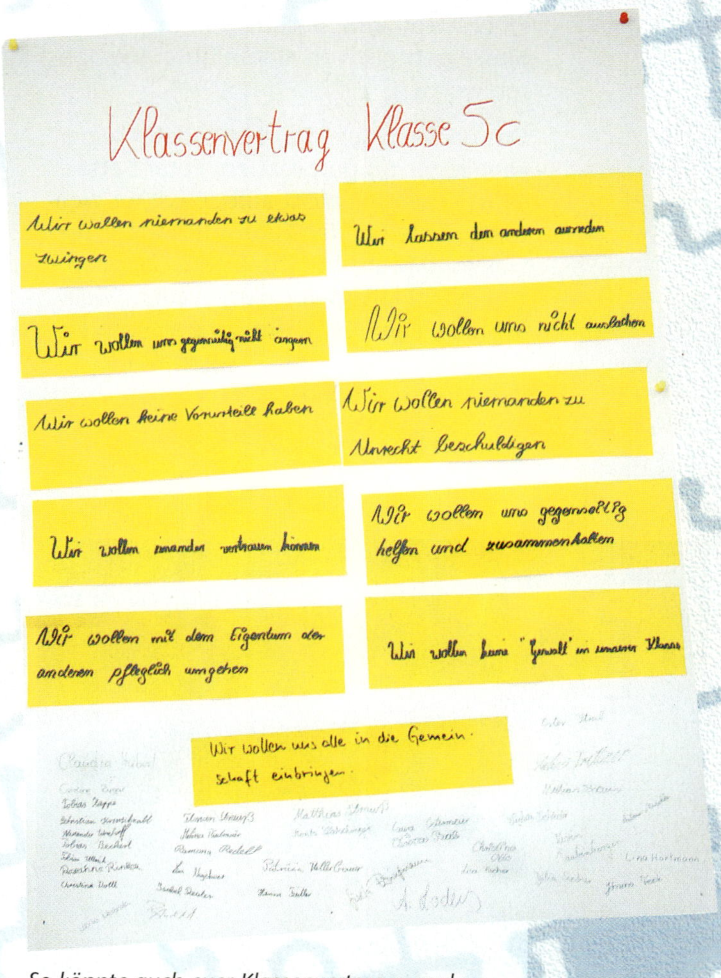

So könnte auch euer Klassenvertrag aussehen.

Gemeinschaft zeigt sich

Gruppen zeigen, dass sie zusammengehören:

- Fußballfans ziehen zu den Spielen ihres Clubs die Trikots ihrer Mannschaft an und haben ihre eigenen Gesänge.
- Petra und Gabi sprechen sich ab, was sie anziehen wollen, weil sie Freundinnen sind.
- Vincent und Paul haben ihr eigenes Begrüßungsritual.

Wenn es einem nicht so gut geht, braucht man seine Freunde besonders. Gemeinschaft tut gut.

?!

- Welche weiteren Beispiele fallen euch ein?

Joachim kommt am Montag in die Schule. Noch immer ist er ganz verwirrt von dem, was am Freitag passiert ist. Ein Freund von ihm, der mit ihm in seine Klasse geht, ist von einem Auto angefahren worden.

Das ganze Wochenende wurde in seiner Familie davon gesprochen. Peter hatte beim Abbiegen nicht aufgepasst, er wollte der Erste bei den Fahrradständern sein. Das Auto bremste scharf, doch Peter war einfach zu knapp vor dem Wagen. Viele Schüler sahen ihn dann ganz still am Boden liegen. Der Hausmeister rief sofort den Krankenwagen.

Seitdem liegt Peter im Krankenhaus. Es ist immer noch unsicher, ob er wieder aufwacht. Zum Glück hatte er einen Helm auf, sonst wäre er wohl schon tot. Joachim muss daran denken, wie es wäre, wenn Peter stirbt. Joachim denkt auch an die Familie. Was fühlen wohl die Geschwister und Eltern?

In der ersten Stunde sind alle voller Gedanken, doch es fehlen die passenden Worte. Da zündet Frau Mitterer eine Kerze an. Gemeinsam betet die Klasse das Vaterunser. Joachim spürt, dass er mit seinem Kummer nicht allein ist. Alle können mitbeten und gehören zusammen.

Als die Klassleiterin dann aber noch das *Gegrüßet seist du, Maria* zu beten beginnt, muss Joachim passen.

?!

- Warum beten Menschen oft gemeinsam?
- Welche Anlässe, bei denen Menschen gemeinsam beten, kennst du?
- Hättest du mit Frau Mitterer mitbeten können? Wenn nicht, wird es höchste Zeit, das *Ave Maria* zu lernen!
  (Tipp: Gotteslob!)

Gemeinsam beten

Das Gebet, das alle Christen kennen, ist das Vaterunser. Dieses Gebet hat uns Jesus selbst gelehrt. Es zeigt die einzigartige Beziehung zu seinem Vater.
In diesem Gebet sind wir aber auch eine große Gemeinschaft im gemeinsamen Glauben an Jesus Christus.
Diese gründet letztlich in Gott, unserem gemeinsamen Vater.

Wenn ich allein und einsam bin, und ich denke daran, dass Gott bei mir ist, wenn ich mich freue, dass ich gesund bin, dass ich arbeiten, singen und leben darf, bete ich:

Vater unser im Himmel, geheiligt werde dein Name.

Wenn ich sehe, dass in der Welt nicht alles in Ordnung ist, dass es Kriege gibt und Unrecht, dass aber trotzdem viele Menschen die Hoffnung haben: Es wird einmal besser werden, bitte ich:

Dein Reich komme, dein Wille geschehe, wie im Himmel so auf Erden.

Wenn ich im Fernsehen miterlebe, wie die Armen Hunger leiden und wie Menschen alles tun ihnen zu helfen, rufe ich zu Gott:

Unser tägliches Brot gib uns heute.

Wenn ich spüre, dass weder Mutter noch ich, dass niemand alles richtig macht, dass ich sogar mit meinem Freund in Streit gerate, bete ich:

Und vergib uns unsere Schuld, wie auch wir vergeben unseren Schuldigern.

Wenn ich erlebe, dass es mir manchmal Freude bereitet, andere zu ärgern und ihnen wehzutun, wenn ich mitbekomme, wie Menschen teuflisch gefoltert und ermordet werden, bitte ich:

Und führe uns nicht in Versuchung, sondern erlöse uns von dem Bösen.

Wenn ich Gott danken möchte für alles, was ich bin und kann, wenn ich sagen möchte, dass ich auf ihn vertraue, weil er unsere Sorgen kennt und weil er die ganze Welt in Händen hält, rufe ich ihm zu:

Denn dein ist das Reich und die Kraft und die Herrlichkeit in Ewigkeit. Amen

- Gestaltet die Texte zwischen einzelnen Bitten des Vaterunsers so um, dass sie noch genauer zu Situationen aus eurem Lebensalltag passen!

?!

„Ich möchte springen und hüpfen vor Freude!"
„Mir ist, als hätte ich Schmetterlinge im Bauch!"
„Am liebsten würde ich mich eingraben lassen!"
„Zerspringen könnte ich vor lauter Wut!"
„Da fühle ich mich sicher wie in Abrahams Schoß!"

- Beschreibt, welche Empfindungen diese Worte ausdrücken und was die einzelnen Sprachbilder veranschaulichen!
- Warum verwenden wir solche Bildworte?

Psalmen

Das Vaterunser ist zwar das wichtigste, aber ja bei weitem nicht das einzige christliche Gebet. In unserem Gotteslob sind viele Lieder und Gebete für den gemeinsamen Gottesdienst, aber auch für das persönliche Beten zusammengestellt.

Etwas Vergleichbares gab es in Israel schon zur Zeit Jesu. Im Buch der Psalmen ist vieles von dem gesammelt, was Menschen über Jahrhunderte hinweg vor Gott getragen haben. Weil es sich dabei um höchst unterschiedliche Anliegen handelte, gibt es auch ganz verschiedene Arten von Psalmen: Lieder zum Lobpreis Gottes, Vertrauenslieder, Danklieder, aber auch Klage- und Fluchpsalmen.

Überrest aus einer Psalmrolle

Wie die Beispiele oben gezeigt haben, können menschliche Gefühle mit Bildworten besonders eindringlich umschrieben werden. Deshalb ist das Buch der Psalmen voll von bedeutungsvollen Bildern.

Aus dem Buch der Psalmen

Denn du bist mein Fels und meine Burg ... (31,4)

Hilf mir, o Gott! Schon reicht mir das Wasser bis an die Kehle. (69,2)

Mein Gott, mein Gott, warum hast du mich verlassen, bist fern meinem Schreien, den Worten meiner Klage? (22,2)

Ihr Völker alle, klatscht in die Hände; jauchzt Gott zu mit lautem Jubel! (47,2)

Ich bin hingeschüttet wie Wasser ... (22,15)

... Gott ist mein schützender Fels, meine Zuflucht. (62,8)

Ich ging in Sack und Asche, doch sie riefen Spottverse hinter mir her. (69,12)

Ich will dem Herrn singen, solange ich lebe, will meinem Gott spielen, solange ich da bin. (104,33)

Darum wird Gott dich verderben für immer, dich packen und herausreißen aus deinem Zelt, dich entwurzeln aus dem Land der Lebenden. (52,7)

Bei Gott allein kommt meine Seele zur Ruhe ... (62,2)

(18,30)

- Wähle ein Psalmwort aus und mach es zum Mittelpunkt von einem Gedicht, Brief oder Tagebucheintrag!
- Stelle ein weiteres Psalmwort pantomimisch oder in einem Standbild dar!

Psalmen – uralt und immer wieder neu

Ein Psalm Davids

Der Herr ist mein ***Hirte,*** nichts wird mir ***fehlen.***
Er lässt mich ***lagern*** auf grünen Auen
und führt mich zum ***Ruheplatz*** am Wasser.
Er stillt mein ***Verlangen;***
er leitet mich auf rechten ***Pfaden,***
treu seinem ***Namen.***
Muss ich auch ***wandern*** in ***finsterer Schlucht,***
ich ***fürchte*** kein ***Unheil;***
denn du bist bei mir,
dein ***Stock*** und dein ***Stab*** geben mir Zuversicht.
Du ***deckst*** mir den ***Tisch*** vor den Augen meiner Feinde.
Du ***salbst*** mein Haupt mit Öl, du ***füllst*** mir reichlich den Becher.
Lauter Güte und Huld werden mir folgen mein Leben lang,
und im ***Haus*** des ***Herrn*** darf ich ***wohnen*** für lange Zeit.

Psalm 23

Der gute Hirte
Fresko in den Priscilla-Katakomben, Rom (3. Jh.)

- Erarbeitet in Gruppen, was mit dem Psalm wohl ursprünglich zum Ausdruck gebracht werden sollte! Achtet dabei vor allem auf die Schlüsselworte!
- Sucht anschließend moderne Begriffe für das Gemeinte und übertragt den Psalm in eure Sprache!

?!

- Formuliere zu einem der beiden dargestellten Bilder oder einer selbst gewählten Situation ein Psalmwort! Achte darauf, mit möglichst treffenden sprachlichen Bildern zu arbeiten!

?!

Wann betest du?

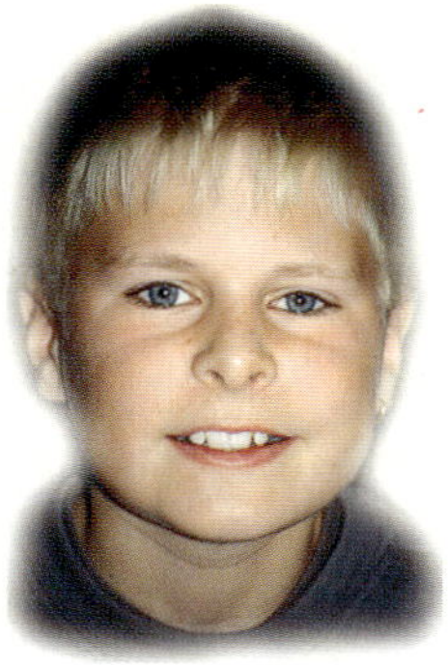

„Ich bete überhaupt nicht, wozu auch?"

„Ich bete bloß vor einer Matheschulaufgabe."

In der Übung bleiben

Ein Konzertpianist sagte:
„Wenn ich einen Tag nicht übe, merke ich es. Wenn ich zwei Tage nicht übe, merken es meine Freunde. Wenn ich drei Tage nicht übe, merkt es das Publikum."
Mir geht es ähnlich mit dem Beten:
„Wenn ich einen Tag nicht bete, merkt es Gott. Wenn ich zwei Tage nicht bete, ..."

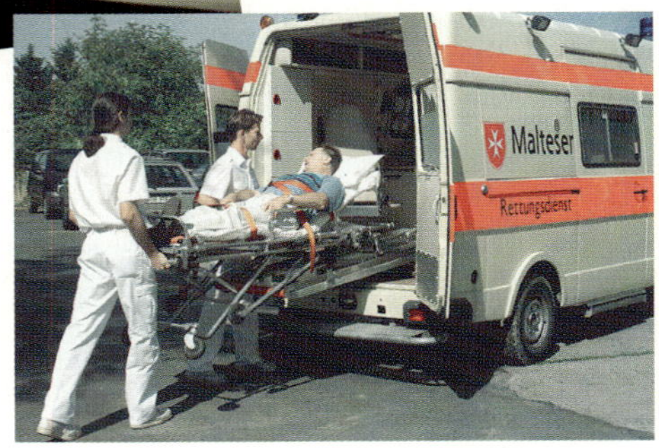

„Wenn jemand in unserer Familie krank ist, bete ich, dass er wieder gesund wird!"

„Bei uns betet die Oma oft den Rosenkranz."

„Wenn ich in der Schule eine gute Note bekomme, bete ich leise ein Dankgebet. Ich glaube, es ist wichtiger Gott zu danken als dauernd was von ihm zu erbitten."

„Wir beten zum Mittagessen."

?!

- In welchen Situationen betest du?
- Frage jemanden, der regelmäßig betet, warum das Beten für ihn so wichtig ist!
- Finde für die Geschichte „In der Übung bleiben" ein passendes Ende!
- Was bewirkt das Gebet in dir selbst?

Der ideale Zuhörer

MOMO

Was die kleine Momo konnte wie kein anderer, das war: Zuhören. Das ist doch nichts Besonderes, wird nun mancher Leser sagen, zuhören kann doch jeder. Aber das ist ein Irrtum. Wirklich zuhören können nur ganz wenige Menschen. Und so wie Momo sich aufs Zuhören verstand, war es ganz und gar einmalig.
Momo konnte so zuhören, dass dummen Leuten plötzlich sehr gescheite Gedanken kamen. Nicht etwa, weil sie etwas sagte oder fragte, was den anderen auf solche Gedanken brachte, nein, sie saß nur da und hörte einfach zu, mit aller Aufmerksamkeit und aller Anteilnahme.
Dabei schaute sie den anderen mit ihren großen dunklen Augen an, und der Betreffende fühlte, wie in ihm auf einmal Gedanken auftauchten, von denen er nie geahnt hatte, dass sie in ihm stecken.
Sie konnte so zuhören, dass ratlose und unentschlossene Leute auf einmal ganz genau wussten, was sie wollten. Oder dass Schüchterne sich plötzlich frei und mutig fühlten. Oder dass Unglückliche und Bedrückte zuversichtlich und froh wurden. Und wenn jemand meinte, sein Leben sei ganz verfehlt und bedeutungslos und er selbst nur irgendeiner unter Millionen, einer, auf den es überhaupt nicht ankommt und der ebenso schnell ersetzt werden kann wie ein kaputter Topf – und er ging hin und erzählte alles das der kleinen Momo, dann wurde ihm, noch während er redete, auf geheimnisvolle Weise klar, dass er sich gründlich irrte, dass es ihn, genauso wie er war, unter allen Menschen nur ein einziges Mal gab und dass er deshalb auf seine besondere Weise wichtig war. So konnte Momo zuhören!

Michael Ende

- Was ist das Besondere an der Art, wie Momo zuhört? Erkläre, warum sich die Menschen dabei wie verwandelt vorkommen!
- Suche nach Gemeinsamkeiten und Unterschieden zwischen dem Zuhören Momos und dem Sprechen mit Gott im Gebet!

Freie Gebete

Telefonanruf bei Oma

Erste Variante:

High Oma,

sorry, aber ich hab' die Kohle wieder nicht beisammen. Ich kann also meine Schulden bei dir so schnell noch nicht zurückzahlen. Du brauchst das Geld doch eh nicht, oder? Im Übrigen: Bekomme ich nochmal 50 Euro von dir? Du weißt schon, das Leben ist teuer!

Zweite Variante:

Hallo Oma!

Ich rufe dich wegen unserer Verabredung für heute Nachmittag an. Wie vereinbart habe ich schon alles vorbereitet, um das Geburtstagsgeschenk für Mama basteln zu können. Ich habe sogar an den Kleber und das Goldpapier gedacht.

Danke übrigens noch einmal, dass du dich an den Kosten beteiligst. Dabei habe ich noch eine kleine Bitte, weil das doch alles viel teurer ist, als ich gedacht habe: Ist es dir recht, wenn ich meine Schulden erst mit dem nächsten Taschengeld begleiche?

Jesus,

du hast oft davon gesprochen,
dass Gott will, dass wir gut miteinander umgehen.

Doch wenn ich mich in unserer Welt umschaue: Immer wieder Streit, immer wieder Krieg.

Deshalb danke ich dir von ganzem Herzen dafür, dass wenigstens wir in Frieden leben dürfen. Ich weiß, dass das nicht selbstverständlich ist!

Wenn ich dich heute weiterhin um Frieden bitte, so bitte ich jedoch nicht nur für mich allein.

Für viele Kinder, Mütter und Väter in allen Städten, Dörfern und Ländern dieser Erde bitte ich dich:

Überall, wo gestritten wird, soll Versöhnung sein.

Überall, wo geschlagen wird, sollen Hände streicheln.

Überall, wo der schreckliche Krieg ist,
soll endlich Frieden werden,
soll Gottes Friedenswind wehen.

Denn dein ist das Reich und die Kraft und die Herrlichkeit in Ewigkeit.

Amen

Lena Graw

?!

- „Ja, ist das in Ordnung? Du bist wirklich super, Oma! Tschüss dann, bis bald!" Bei welcher der beiden Varianten des Telefonanrufs bei Oma kannst du dir dieses Gesprächsende vorstellen? Begründe deine Entscheidung und führe die andere Variante selbst zu Ende!
- Ein Gebet und ein höfliches Gespräch haben vieles gemeinsam. Vergleicht!
- Erarbeitet das Aufbauschema von Lenas Gebet und formuliert damit eigene Gebete!
- Lena hat ihr Gebet in ein Gebetsheft geschrieben. Legt auch ein Klassengebetsheft an, falls ihr es nicht schon lange getan habt!
  (Tipp für alle, die Probleme haben, selbst ein Gebet zu formulieren: Schaut im Internet unter www.gebete.de nach!)

Gebetshaltungen

Peter ist schon mehrmals zu spät zur Schule gekommen. Heute wird er deshalb zum Direktor gerufen. Missmutig zieht er die Kappe tief ins Gesicht. Ohne anzuklopfen schlurft er ins Direktorat und „flezt" sich auf den ersten Stuhl. Er zuckt zusammen, als der Direktor ihn anfährt: „Nimm den Kaugummi raus!"

- Warum wird das Gespräch wohl kaum zu Peters Zufriedenheit verlaufen?
- Welche Situationen, die eine besondere äußere Haltung erfordern, kennt ihr?

In vielen Lebenssituationen drücken wir uns nicht nur durch Worte aus, sondern auch durch unseren Gesichtsausdruck, unsere Körperhaltung und durch Gesten. Die Körpersprache muss dabei mit dem, was wir sagen, zusammenpassen. Wenn sie etwas anderes signalisiert, wird sich der Gesprächspartner auch von noch so schönen Worten nicht beeindrucken lassen.

- Sammelt Beispiele hierfür!

Was für den Umgang mit unseren Mitmenschen gilt, gilt in ganz besonderer Weise auch für unser Sprechen mit Gott. Gerade beim Beten sagt die Körperhaltung besonders viel aus:

Das Sitzen zeigt: Ich will mich sammeln, nehme mir Zeit, ich bin bereit zu hören, was Gott mir zu sagen hat.

Das Stehen ist eine Haltung der Bereitschaft: Gott, ich stehe vor dir. Sieh mich an. Ich will dein Wort annehmen und in die Tat umsetzen.

Das Knien drückt eine intensive Bitte aus: Gott, ich bin klein vor dir, höre mein Gebet! Diese Haltung haben wir aus früheren Zeiten übernommen. Der Untergebene zeigte durch Kniefall an, dass der Herrscher Verehrung und Unterwerfung verdient.

Das Kreuzzeichen macht deutlich, dass wir Christen sind. Damit bekennen wir in Kurzform den Glauben an den dreieinigen Gott.

Die Hände sagen manchmal mehr aus als das Gesicht eines Menschen. Die Haltung der Hände beim Gebet kann ganz verschieden sein. Sie soll aber immer Ehrfurcht ausdrücken.

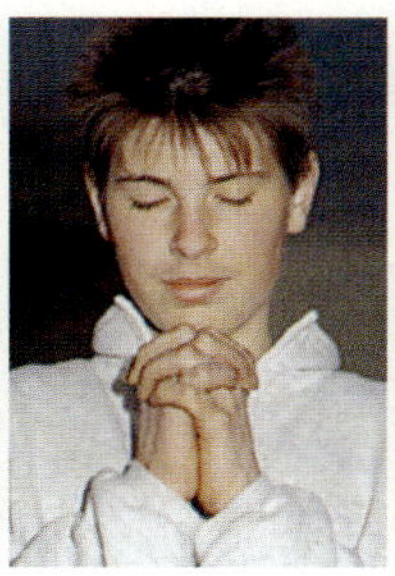

?!

- Warum und in welchem Zusammenhang sind verschiedene Haltungen der Hände angebracht?
- Welche der hier beschriebenen Körperhaltungen kennt ihr aus der Heiligen Messe?
- Begründet, warum diese Haltungen an den entsprechenden Stellen der Messfeier eingenommen werden!

Religiöses Leben in der Schule

In jeder Schule gibt es viele Möglichkeiten, gemeinsam ruhig zu werden, nachzudenken und zu beten. Darüber hinaus finden zahlreiche Aktionen statt, bei denen sich Schüler für andere Menschen einsetzen und engagieren.

?!

- Welche Möglichkeiten des gemeinsamen Gebets bzw. Engagements seht ihr abgebildet?
- Erkundet das religiöse Leben an eurer Schule! Wo könnt ihr bereits teilnehmen? Welche neuen Ideen habt ihr?

1. Probiert in der Klasse Folgendes aus: Redet euch eine Woche lang mit eurem zweiten Namen an. Wenn ihr keinen zweiten Namen habt, wählt euch einen aus!

2. Klärt mit eurem Klassenleiter ab, ob ihr einmal im Monat über die Situation in der Klasse sprechen dürft! Diese Klassenratssitzung sollten zwei Schüler leiten, zwei andere sollten Protokoll führen. Dabei können Verstöße gegen den Klassenvertrag besprochen werden.

3. Informiert euch über Streitschlichterprogramme! Einige Schulen haben dieses Angebot, um Streitigkeiten zwischen Schülern zu lösen.

4. Ihr könnt auch einen Gebetswürfel für das Tischgebet basteln. Sucht eure sechs Lieblingstischgebete heraus und bastelt einen Würfel!

5. Leseempfehlung:

Momo von Michael Ende

Auf Seite 25 wird dir Momo vorgestellt, die mit ihrer zauberhaften Art ein ganzes Dorf verwandelt. Das Buch schildert einen spannenden Kampf mit grauen Männern, die den Menschen die Zeit stehlen wollen.

Tipp: Schau dir auch den gleichnamigen Film an, nachdem du das Buch gelesen hast!

Das Lied der bunten Vögel

In afrikanischen Dörfern – so erzählt man – setzen sich die Menschen abends gern im Kreis um ein Feuer und lauschen den Geschichten eines Märchenerzählers. Eine dieser Geschichten ist das Lied der bunten Vögel.

Dort in Afrika, wo es häufig stark regnet und dann wieder sehr heiß und sonnig ist, wachsen riesengroße Wälder – die Urwälder. Fünf Vögel lebten in einem solchen Urwald einmal nahe beieinander. Der eine Vogel war weiß, der andere hatte blaue Federn, der dritte hatte gelbe, der vierte rote und der fünfte grüne Federn. Jeder dieser fünf Vögel, die ihr nun zusammen dort sitzen seht, konnte nur eine winzige Melodie singen. Deshalb taten sich die Vögel zusammen.

Mittags flogen die Fünf zum Haus eines Bauern. Sie hüpften freudig vor seiner Haustür und zwitscherten nacheinander jeder seine kleine Melodie. Der Bauer freute sich sehr: „Wie schön bunt ihr zusammen seid und was für eine schöne Melodie euer gemeinsamer Gesang ergibt!" Er gab den Vögeln reichlich Futter und allen ging es gut.

Eines Morgens aber hatten alle fünf Vögel – ohne es voneinander zu wissen – den gleichen Gedanken. Jeder überlegte: „Wenn ich alleine zu dem Bauern fliege, vor ihm singe und tanze, so bekomme ich das ganze Futter für mich allein und brauche es mit den anderen nicht zu teilen."

Gedacht, getan!

Als Erster flog der weiße Vogel heimlich los. Er kam zur Tür des Bauern, tanzte herum und flötete die kleine Melodie. Der Bauer trat vor die Tür. Er rief: „Was soll das? Was hüpfst du hier so herum? Was soll dieses alberne Gepiepse?" Er streute kein einziges Korn, sondern jagte den Vogel fort. Ebenso erging es dem roten, dem gelben, dem grünen und dem blauen Vogel.

Am nächsten Morgen, als die Sonne kaum aufgegangen war, erwachten die Vögel in ihren Bäumen. Jeder schaute sich um, doch sie wagten es nicht, sich in die Augen zu schauen. Endlich fasste der weiße Vogel Mut und begann: „Gestern bin ich allein zu dem Bauern geflogen, denn ich wollte das Futter für mich alleine haben. Aber der Bauer wurde wütend und hat mich weggescheucht." Da erzählten auch die anderen vier, dass es ihnen genauso ergangen war.

Später am Tag flogen sie gemeinsam zum Haus des Bauern. Ihr gemeinsamer Tanz bot einen herrlichen, bunten Anblick und ihr gemeinsames Lied erfreute den Bauern ebenso. Er rief aus: „Da seid ihr ja wieder, meine lieben Vögel! Wie herrlich bunt ihr ausseht und wie schön ihr singt. Wie habe ich euch gestern vermisst! Stellt euch vor: Da kam morgens so ein weißer Piepser, später ein blauer Krachmacher, mittags ein roter Schreihals, am Nachmittag ein gelber Ruhestörer und gegen Abend noch so ein grüner Krächzer. Aber auf euch habe ich gestern vergeblich gewartet. Wie glücklich bin ich, dass ihr wieder gemeinsam zu mir gekommen seid." Er streute ihnen viel gutes Futter hin. Alle Vögel wurden satt und es ging ihnen allen sehr gut.

Zum Lied der bunten Vögel:

- Warum gefällt dem Bauern das gemeinsame Lied so viel besser?
- Fasse zusammen, was die Geschichte über eine gute Gemeinschaft aussagt, und vergleiche mit dem, was du bereits gelernt hast!
- Überlege, welche „bunten Vögel" ihr in der Klasse habt!
- Braucht auch die Kirche „bunte Vögel"? Wer könnte das sein?
- Welche Gruppierungen aus deiner Gemeinde fallen dir ein, die gemeinsam das Gemeindeleben prägen?

Zum Gebet:

- Gestaltet zu einer eigenen Interpretation der Bitten des Vaterunsers eine Collage und setzt eure Arbeiten zu einem Klassenkreuz zusammen!
- Im Film „Hier bin Ich, der Elefant" sprechen Tiere zu Gott über ihre Eigenarten. Formuliere ein Gebet für dein Lieblingstier!

Manchmal können wir vor Gott nur schweigen.
Wir wissen, dass er da ist.
Wir denken über ihn nach, staunen und finden keine Worte.
Vielleicht brauchen wir gar keine Worte.
Wenn jemand aufmerksam in der Bibel liest und das bedenkt,
wenn jemand ein Bild betrachtet,
wenn jemand allein in der Kirche verweilt,
wenn jemand überlegt, was Gott mit ihm und seinem Leben vorhat,

dann braucht er keine Worte und ist doch bei Gott.
Er redet mit ihm im Inneren.
Beten heißt auch:
Einfach innehalten und verweilen bei Gott.

- Sucht nach Situationen, wo euch das Schweigen vor Gott besonders angebracht erscheint, und nach solchen, wo ihr ausformulierte Gebete für passender erachtet!

II. Wie Menschen sich Gott vorstellen – Abraham begegnet dem einen Gott

Der normale Mensch staunt
über die ungewöhnlichen Dinge,
der Weise über die alltäglichen.

Tim: Am Wochenende war ich mit meinem Snowboard in den Bergen. Ich kann euch sagen, das war wirklich SUUUPER! Ich bin den Berg heruntergesaust, der Wind hat mir um die Ohren gepfiffen, die Sonne hat geschienen, der Schnee glitzerte ... – einfach Wahnsinn!

Jürgen: Hattest du keine Angst, dass du stürzen könntest?

Tim: Na hör mal! Daran habe ich wirklich nicht gedacht.
Im Gegenteil: das Gefühl der Geschwindigkeit und die Sonne und der Schnee ... Ich habe mich so gefreut, dass ich am liebsten laut DANKE!, DANKE!, DANKE! gebrüllt hätte.

?!
- Führt das Gespräch in Zweiergruppen fort!
- In welchen Situationen habt ihr euch so überwältigt gefühlt?

Ein Stuhl

Ein Stuhl
allein.
Was braucht er?
Einen Tisch!

Auf dem Tisch
liegen
Brot, Käse, Birnen,
steht ein gefülltes Glas.

Tisch und Stuhl,
was brauchen sie?

Ein Zimmer,
in der Ecke ein Bett,
an der Wand einen Schrank,
dem Schrank gegenüber ein Fenster,
im Fenster ein Baum.

Tisch, Stuhl, Zimmer ...
Was brauchen sie?
Einen Menschen.

Ein Mensch sitzt
auf dem Stuhl
am Tisch,
schaut aus dem Fenster
und ist traurig.
Was braucht er?

?!
- Schreibt den Text so weiter, dass das Gedicht auch die Überschrift „Glück" haben könnte!

Aufforderung zur Stille?

Im Urlaub in Spanien ist Elke mit ihren Eltern und ihrem Bruder bis tief in die Nacht am Strand geblieben. Es war so warm, dass sie nicht zurück in ihr Hotelzimmer gehen wollten. Zuerst haben sie alle geredet und gelacht, aber allmählich sind sie immer stiller geworden. „Klar!", meint Robi, als Elke in der Schule davon erzählt, „ihr wart einfach müde."
„Du hast ja keine Ahnung!", erwidert Elke. „Wie oft hast du dir denn schon einmal einen Sternenhimmel in tiefer Nacht angeschaut?"

„Der normale Mensch
*staunt über **ungewöhnliche** Dinge,*
*der Weise staunt über das **Alltägliche.**"*
(Konfuzius)

Vor lauter Lauschen und Staunen sei still,
du mein tieftiefes Leben;
dass du weißt, was der Wind dir will,
eh noch die Birken beben.
(Rainer Maria Rilke)

„Alle Wissenschaft
fängt mit Staunen an."
(Aristoteles)

- Stelle eine Situation, in der du einmal staunend ganz still geworden bist, in einem Bild, einem Tagebucheintrag oder einem Gedicht dar!

?!

Was mein Vater sagt

Als ich auf die Welt kam, war die Welt schon da. Alles war vorhanden, die ganze Wohnung, Tisch, Stühle, Betten, die ganze Einrichtung. Alles war gut ausgedacht und eines passte zum anderen. Auch die Birke im Garten war da, überhaupt die Bäume. Die hätten ja noch fehlen können. Oder es wären erst Tannen gewesen, keine Buchen, keine Apfel- oder Birnbäume, keine Kirschbäume, keine Pflaumenbäume, keine Zwetschgenbäume. Oder zum Beispiel keine Katzen, aber Hunde. An der Stelle, wo im Augenblick unsere Katze liegt, wäre bloß ein Streifen Sonne auf dem Sims gewesen.

Auch Vater und Mutter waren schon da, als ich kam. Logisch, sie hatten mich ja bekommen. Meinen Vater erkannte ich am gelben Schnurrbart. Meine Mutter einfach so. Ich brauchte gar nicht erst zu fragen, wer die Person mit der Brille sei, die mich auf dem Arm trug. Sie wusste natürlich, dass ich ihr Kind war, wusste auch, wie ich hieß, und so weiter. Sie war gut auf mich vorbereitet.

Wir freuten uns miteinander bekannt zu werden.

Was bei meiner Geburt noch fehlte, war die neue Musik-Anlage. Auch das Bett meiner Schwester Anna fehlte.

Wo ist etwas, was es noch nicht gibt? Anna, die noch nicht mal im Bauch meiner Mutter ist? Wenn ich darüber nachdenke, wird mir schwindlig. Ich will die Frage für Vater aufsparen. Er liebt solche Denkaufgaben.

Welche Bäume und welche Tiere fehlen heute noch auf der Welt? Wie werden sie aussehen? Wie werden wir ihre Namen erfahren?

Man kann niemanden dahin zurückschicken, wo er herkommt. Man muss warten, bis er stirbt. Wenn Anna stirbt, verschwindet wohl auch ihr Bett. Alles wird wieder wie vorher. Nur die Musik-Anlage bleibt natürlich da.

?!

- Warum ist dieser Text irgendwie eigenartig?
- Stellt die Fragen und Zweifel, die in diesem Text geäußert werden, zusammen!
- Sucht in einem Schreibgespräch nach Antworten!

?!

- Überlege, ob es sich hier um ein Bild von einem Ende oder ein Bild von einem Anfang handelt. Begründe deine Entscheidung!
- Wie könnte der „zweite Teil“ aussehen?

Schreibgespräch

1. Schreibt jede der Fragen, auf die Antworten gesucht werden sollen, in die Mitte eines eigenen Plakats!
2. Verteilt die Plakate auf verschiedene Tische, die möglichst weit auseinander stehen!
3. Setzt euch in Gruppen so um die Plakate, dass jeder von euch ein Plakat bequem erreichen kann. Schreibt nun alle Gedanken, die euch zur Frage auf diesem Plakat durch den Kopf gehen, in kurzen Sätzen auf. (Dies können ruhig auch neue, weiterführende Fragen sein!)
   Grundvoraussetzung dabei ist: **Absolute Stille!**
4. Nach einiger Zeit könnt ihr aufstehen und ruhig von Plakat zu Plakat gehen, um euch anzuschauen, was eure Mitschüler zu den anderen Fragen geschrieben haben.
5. Wenn ihr einen Kommentar abgeben wollt oder wenn euch beim Lesen etwas unklar ist, dann schreibt eure Fragen und Anmerkungen neben die Sätze, auf die sie sich beziehen.
6. Andere können jetzt wieder zu euren Anmerkungen Stellung nehmen und so weiter.
7. Wenn ihr alles gelesen habt und niemand mehr etwas schreiben will, bildet ihr einen Sitzkreis und legt die Plakate in die Mitte.
8. Erst jetzt dürft ihr wieder zu sprechen beginnen. Nach so langer Stille freut ihr euch sicher darauf, auch im Gespräch eure Gedanken auszutauschen.

Das Unsichtbare

Am Fenster ist ein Brummer,
der brummt durchs ganze Haus,
er klettert an der Scheibe
und kommt doch nicht hinaus.

Noch einmal nimmt er Anlauf,
der schwarzberockte Tropf,
bumst an das Unsichtbare
mit seinem dicken Kopf.

Er kann es nicht begreifen,
was da mit ihm geschieht:
Seit wann gibt's Hindernisse,
die unsereins nicht sieht?

Er zappelt auf dem Rücken:
Fürwahr, da ist was dran –
Es gibt in unserm Leben
Mehr, als man sehen kann.

Ebbes

Der Bauer auf dem Sterbebett:
Weißt du, wenn ich daran denke:
Sommerfrühe, Sense auf dem Buckel,
Mostkrug in der Hand, hinaus, Sonne,
glitzernder Tau im Gras,
singende Vögel, Himmel und Wald ...
„do hon e gmerkt,
dass do no ebbes isch."

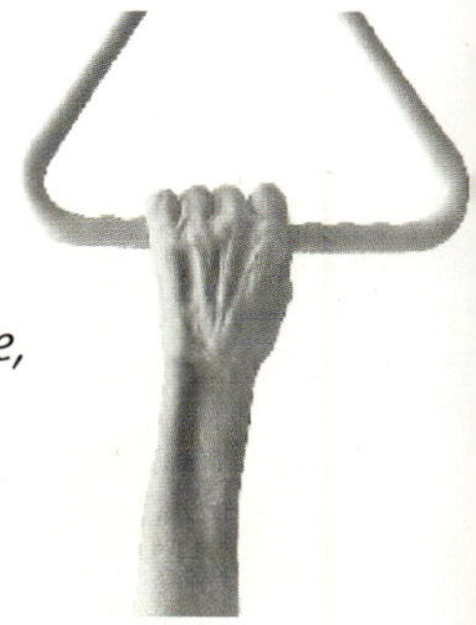

... was du siehst?

Ein Ungläubiger fragte den Rabbi, wie er bei allem, was der Mensch erforscht und zu tun fähig geworden sei, noch an Gott glauben könne – „Man kann ihn doch weder sehen noch beweisen."
„Du willst also sagen", antwortete der Rabbi, „du glaubst nur, was du siehst. Sieh dir einen Schienenstrang an. Laufen nicht die beiden Schienen am Horizont ineinander? Doch wie weit du auch die Schienen entlanggehst – es wird nie eine Schiene daraus. Und der Punkt am Horizont bleibt deinem Auge immer unerreichbar. So ist das mit dem Sehen!"

?!
- Welchen Zusammenhang seht ihr zwischen den drei Texten?
- Welche unsichtbaren Dinge gibt es in eurem Leben?

Wer sich auf solche Fragen wirklich einlässt, stößt unweigerlich auf die Fährte Gottes.

Die Alte, die auf Gott wartete

Es war einmal eine alte Frau, der hatte der liebe Gott versprochen, sie heute zu besuchen. Darauf war sie natürlich nicht wenig stolz. Sie scheuerte und putzte, buk und tischte auf. Und dann fing sie an auf den lieben Gott zu warten. Auf einmal klopfte es an der Tür. Geschwind öffnete die Alte, aber als sie sah, dass draußen nur ein alter Bettler stand, sagte sie: „Nein, in Gottes Namen, geh heute deiner Wege! Ich warte eben gerade auf den lieben Gott, ich kann dich nicht aufnehmen!" Und damit ließ sie den Bettler gehen und warf die Tür hinter ihm zu.
Nach einer Weile klopfte es wieder. Die Alte öffnete diesmal noch geschwinder als beim ersten Mal. Aber wen sah sie draußen stehen? Nur einen armen alten Mann. „Ich warte heute auf den lieben Gott. Wahrhaftig, ich kann mich nicht um dich kümmern!" Sprach's und machte dem Alten die Tür vor der Nase zu. Abermals eine Weile später klopfte es wieder. Doch als die Alte öffnete – wer stand da: schon wieder ein zerlumpter und hungriger Bettler, der sie inständig um ein wenig Brot und um ein Dach über dem Kopf für die Nacht bat. „Ach, lass mich in Ruhe! Ich warte auf den lieben Gott! Ich kann dich nicht bei mir aufnehmen!" Und der Bettler musste weiterwandern, die Alte aber fing aufs Neue an zu warten. Die Zeit ging hin, Stunde um Stunde. Es ging schon auf den Abend zu und immer noch war der liebe Gott nicht zu sehen. Die Alte wurde immer bekümmerter. Wo mochte der liebe Gott geblieben sein?
Spät am Abend ging sie bekümmert zu Bett. Bald schlief sie ein. Im Traum aber ...

- Überlegt in Gruppen, wie die Geschichte weitergehen könnte und erzählt sie dann zu Ende!
- Vergleicht die Geschichte mit Mt 25,31-46!

Kanon zu vier Stimmen

2. Du bist da, wo Menschen hoffen, du bist da, wo Hoffnung ist.
3. Du bist da, wo Menschen lieben, du bist da, wo Liebe ist.

- Sammelt Erlebnisse, in denen ihr Hoffnung und Liebe gespürt habt! Überlegt, ob ihr dabei an Gott gedacht habt!

Anna ist ein kleines Mädchen, das der festen Überzeugung ist, dass Gott ein Mister Gott ist.
Wie sollte es auch anders sein, wo er doch im Himmel mit den englischen Chören ist!
Sie unterhält sich recht intensiv mit ihm und schreibt ihm Briefe.

Lieber Mister Gott!

Ich stell mir vor, das ist wie mit der Holzkiste, wo Fynn seine Eisenbahn drin ist, die ist auch mal ein Bahnhof und mal ein Tunnel und mal ein Auto oder ein Schiff, wie's mir grade passt. Und so wie mit der Kiste ist das bei dir auch, Mister Gott. Mal bist du dies und mal bist du das. Du bist eben alles zusammen und alles auf einmal. Und wenn dich jemand grün sieht, dann bist du eben grün, aber für jemand anderen biste vielleicht rot. Und beides bist du. Oder du bist groß und auch klein, oder dick und wieder dünn.
Das ist wie mit den Schneeflocken. Jede ist gleich und doch ein bisschen verschieden, und alle zusammen sind eben Schnee. Und so ist es auch mit dir, meine ich. Man kann einfach nicht sagen, du siehst so oder so aus, weil du eben gar nicht aussiehst.
Ich finde, am besten gibt man dir kein Aussehen und sagt nur einfach Mister Gott …

Deine Anna

?!

- Wie stellt sich Anna Gott vor?
- Schreibt einen Brief an „Mister Gott", in dem ihr ihm erzählt, wie ihr ihn euch vorstellt. Vergleicht eure Vorstellung mit der von anderen Kindern eures Alters!

„Ich stelle mir Gott wie einen Wirbel von Farben vor. Er hat zwei Arme, durch die viele ‚Adern' laufen. Die roten stehen für Qual, Ungerechtigkeit, Misstrauen und Krieg. Sie sind nah an der Erde, da diese Sachen dort oft passieren. Die blauen ‚Adern' stehen für Liebe, Harmonie und Glück."
(Philipp)

„Gott ist alles, was er geschaffen hat: Himmel, Erde, Tag, Nacht, Wasser, Land, Meeres- und Landtiere."
(Laura)

„Gott ist der Träger der Welt."
(Stefan)

„Gott ist so etwas wie das Zeichen für Liebe, Geborgenheit, eine Waffe gegen das Böse. Gott kann vielleicht auch das Böse sein. Keiner weiß, was Gott wirklich ist."
(Jennifer)

„Gott ist ein heller Fleck am Himmel. Er schaut auf die Erde runter. Vielleicht siehst du ihn am Abend als Stern."
(Janina)

„Ich stelle mir Gott wie eine Wolke mit Armen vor, die auf uns herabblickt."
(Oliver)

Lied der Trommel

Merkt auf, ihr Menschen! Merkt auf den Trommler aus altem Ursprung:

Er ist erregt, hat sich bereitet vor Gott –
vor dem *Freund-auf-den-wir-uns-stützen-und-nicht-fallen,*
vor dem *Schöpfer-aller-Dinge,* hört sein Gebet!

Du *Freund-auf-den-wir-uns-stützen-und-nicht-fallen,* wir rufen dich an!
Mächtiger König, wir rufen dich an!
Du *Schöpfer-und-Spender-ewigquellender-Wasser,* wir rufen dich an!
Wir rufen dich an, du *Ende-der-Tage!* Darum komm, komm, komm!

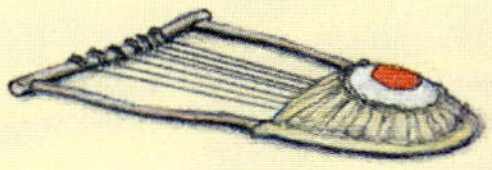

Du *Korb-der-nicht-leer-wird,*
du *Den-wir-rufen-in-Zeiten-der-Not;*
du *Prekese-Frucht, Freund-der-uns-speist,*
du *Den-wir-spüren-zu-Hause-und-in-der-Fremde,* ohne dich – nichts,
nichts könnten wir tun.

Du bist heilig, heilig, heilig! Du Heiliger, gib uns deinen reichen Segen!
Lass unsere Gemeinschaft gut für uns sein.
Unser Flehen hat er schon gehört. Unser Bitten hat er schon erhört.
Darum danken wir dir. Wir danken dir, du Gnädiger. Wir danken dir, Amen.

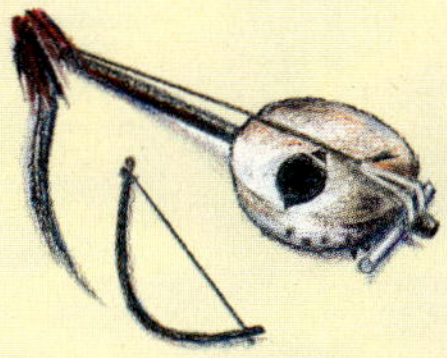

Du Gott, du *Dem-man-nicht-genug-danken-kann,* König der Könige, Fürst der Fürsten,
wir danken dir, ja wir danken dir.

- Welche Vorstellungen von Gott stecken hinter all diesen Namen?
- Sucht eigene Namen von Gott, die eure Vorstellungen von Gott wiedergeben!

Menschen der verschiedensten Epochen und Kulturen glaubten, auf ihre Fragen und Zweifel in der Welt der Götter eine letzte Antwort zu finden. In alten Erzählungen sind uns solche Antwortversuche auch aus längst vergangenen Zeiten überliefert. Die folgenden Mythen waren bei den Germanen, Ägyptern bzw. Griechen zeitweise weit verbreitet.

Bei einem Mythos handelt es sich um eine Erzählung, die versucht, auf die uralten Fragen der Menschen eine Antwort zu geben, auf Fragen wie die nach dem Anfang und Ende der Welt, dem Weiterleben nach dem Tod und der Abhängigkeit des Menschen vom Göttlichen.
Die Sprachbilder, die eine mythische Erzählung benutzt, sind meist mehrdeutig. Wie die Wirkung eines Musikstücks nicht aus den Notenzeilen ablesbar ist, sondern vom Zuhörer erspürt werden muss, so will auch der Mythos nicht in erster Linie mit dem Verstand, sondern vor allem auch mit dem Herzen erfasst werden.

Urzeit war es / da nichts noch war:
Nicht war Sand noch See / noch Salzwogen,
nicht Erde unten / noch oben Himmel.
Gähnung grundlos / doch Gras nirgends.

So erzählt eine alte Dichtung der Germanen, die Edda. Dieser gähnende Abgrund war erfüllt mit Finsternis. Es gab noch keine Sonne, keinen Mond und keine Gestirne; sie wussten noch nichts von ihrer strahlenden Macht. Ein Bereich aber im Norden war kalt, eisig und neblig, Niflheim (Nebelheim), während im Süden, in Muspelheim, das heiße Reich der Flammen lag. Von dort flogen Feuerfunken durch die Finsternis. Sie fielen auf Nebelheim, mitten hinein in das starrende Eis, und die nun entstehenden Tropfen wurden lebendig.

Aus den Tropfen ein Riese wuchs;
unsre Sippen stammen dort alle her,
drum ist's ein schlimmes Geschlecht.

So berichtet ein Nachfahre des Urriesen Ymir. Auch ein zweites Lebewesen entstand in diesem Chaos: Die Kuh Audhumla, deren Milch Ymir nährte. Die Kuh leckte am salzigen Eis und allmählich kam die Gestalt eines Mannes zum Vorschein.
Es war Buri. Im Gegensatz zu Ymir, dem bösartigen Riesen, war Buri freundlich. So wurden sie Feinde. Kein Wunder also, dass die Enkel von Buri in Streit mit Ymir gerieten und diesen schließlich töteten. Diese Enkel waren die drei ersten Götter: Odin, Vili und Ve. Aus dem Riesenleib errichteten die drei Brüder unsere Welt.

Aus Ymirs Fleisch ward die Erde geschaffen,
aus dem Blut das Brandungsmeer,
das Gebirg aus den Knochen, die Bäume aus dem Haar,
aus der Hirnschale der Himmel.

Aus dem sterbenden Leib des Urriesen entströmten Unmengen an Blut, doch Odin und seine Brüder wussten die Überschwemmung zu beseitigen, indem sie das feste Land aus den Meeresfluten heraushoben. Seither umgab das Meer die Erde wie ein Ring. Den Schädel des Ymir aber, aus dem sie den Himmel geschaffen hatten, setzten sie mit seinen vier Enden über die Erde und unter jede Ecke stellten sie einen Zwerg. Die Zwerge hießen Oster, Vester, Norder und Suder. So gaben sie der neuen Schöpfung eine Ordnung.

Nach der Vorstellung der Germanen entstanden somit zunächst Riesen und erst dann die Götter. Die Götter selbst waren an der Entstehung der Welt unbeteiligt, das schon Entstandene wurde jedoch von ihnen geordnet. Die Riesen blieben für die Götter eine Gefahr, die ständig bekämpft werden musste. Vor allem Thor, der Donnergott, der auch Donar genannt wurde, beschützte die Götter und die später geschaffenen Menschen mit seinen gewaltigen Kräften.
Die Götter der Germanen sind keine unsterblichen Wesen. Eine Seherin hatte ihnen den Untergang in einem schrecklichen Kampf mit den Riesen prophezeit. Dieser Kampf in der Endzeit würde auch zum Untergang der ganzen Welt führen. Die Germanen glaubten, dass nach dieser so genannten Götterdämmerung eine neue bessere Welt entstehen werde.

In manchen Opern Richard Wagners lebt die germanische Götterwelt weiter.

Nick Beale: Ymir Illustration (1995)

Johann Heinrich Füssli: Thor im Boot des Hymir. Ölgemälde (1790)

- Zeichnet eine der hier beschriebenen Szenen aus der germanischen Mythenwelt!
- Vergleicht die Eigenschaften der germanischen Götter mit eurer eigenen Gottesvorstellung!
- Die Bezeichnung der Wochentage „Donnerstag" und „Freitag" erinnert auch heute noch an die germanische Götterwelt. Erkundige dich, nach welcher Gottheit der „Freitag" benannt ist!

?!

Osirisstatuetten. Bemaltes Holz (um 600 v. Chr.)

Osiris
galt als Gott der Fruchtbarkeit der Felder. Deshalb wurde er oft entweder grün (wie gedeihende Pflanzen) oder schwarz (wie der Nilschlamm, der jährlich über die Ufer trat und das Land fruchtbar machte) dargestellt. Nach seiner Ermordung wurde er zum König der Unterwelt und des Totenreiches. Er trägt Krummstab und Geißel, die Kennzeichen eines ägyptischen Königs.

Vor Tausenden von Jahren wurde Osiris, der Fruchtbarkeitsgott, König über ganz Ägypten. Er zeigte den Menschen den Ackerbau. Seth aber war eifersüchtig auf seinen Bruder und stellte ihm eine Falle. Er maß heimlich den Körper des Osiris aus und fertigte eine reich verzierte Lade nach dessen Körpermaßen.
Auf einem Fest versprach er demjenigen, der in die Lade passte, ihm diese zu schenken. Als Osiris sich in sie hinein legte, klappte Seth den Deckel zu und warf die Lade in den Nil. Dort starb Osiris.
Isis, die Gemahlin und Schwester des Osiris, machte sich verzweifelt auf die Suche nach ihrem Geliebten und erfuhr, dass die Lade in einem verwucherten Baum steckte. Als sie schließlich den Sarg fand, zeugte sie mit der Leiche einen Sohn, Horus.
Seth erfuhr, dass Isis die Lade mit dem Leichnam gefunden hatte, und wurde so wütend darüber, dass er hinging und den Leichnam des Osiris in tausend Stücke zerriss. Seine Einzelteile zerstreute er über ganz Ägypten. Mit Hilfe ihrer Schwester Nephthys fand Isis nach langer Suche die Teile des Körpers wieder, fügte sie zusammen und schenkte auf diese Weise Osiris neues Leben. In diesem zweiten Leben war er der König der Toten und des Totenreiches.
Horus, der Sohn des Osiris, rächte sich an Seth und übernahm nach vielen Wirren die Macht im Land. Seth wurde in die Wüste verbannt.

Nephthys
wurde als Göttin der Dunkelheit und des Todes angesehen. Sie war die Schwestergemahlin des Seth. Da ihre Ehe aber kinderlos blieb, schlüpfte sie in die Gestalt ihrer Schwester und zeugte mit Osiris ihren Sohn Anubis. Zusammen mit ihrer Schwester Isis galt sie als Beschützerin der Toten.

Seth
hatte als Bruder des Osiris kein Glück. Er galt als Gott des Chaos, der Verwirrung und der Wüste. So war er in jeder Hinsicht das Gegenteil von Osiris: Als Gott der unfruchtbaren Wüste war Seth nicht in der Lage Kinder zu zeugen. Er war zwar mit Nephthys verheiratet, die aber liebte ihn nicht.
Seth wurde also vor allem als der große Bösewicht gesehen.

Armreif des Königs Scheschonk I. (Detail)

Horus
war der Königs- und Himmelsgott. Der besonders beliebte Gott wurde häufig in Gestalt eines Falken dargestellt. Im Kampf um die Herrschaft zerstörte Seth das Auge des Horus, das durch Tränen einer anderen Göttin schließlich wieder geheilt und noch besser wurde. Es wurde zu einem wichtigen Schutzamulett.

Isis, den Horusknaben stillend Marmorstatue (7./6. Jh. v. Chr.)

Isis
wurde verehrt als Muttergöttin und Beschützerin des Himmels und der Erde. Sie galt als Hüterin der Lebenden und Toten, als Heilerin und als Schirmherrin. Sie wird meist mit einem Thron dargestellt, der vor allem ihre Macht und Weisheit darstellen soll.

?!
- Wie werden die Götter hier dargestellt? Sammelt ihre Eigenschaften!
- Vergleicht diese Eigenschaften mit unseren heutigen Gottesvorstellungen!
- Erklärt, inwiefern dieser Mythos eine Hoffnung für ein Leben nach dem Tod aufzeigt!

Die Prüfung des Verstorbenen in der Halle der Wahrheit

Das Totengericht tagt unter dem Vorsitz des Gottes Osiris. Papyrus (4.-1. Jh. v. Chr.)

- Versucht das Bild zu erklären!
  Kleine Hilfestellung:
  Welche Bedeutung könnte die Waage haben? Welche Aufgabe hat wohl der tierköpfige Schreiber, der neben der Waage steht? Welche Rolle könnte das krokodilähnliche Wesen neben dem Schreiber spielen?
- Vergleicht eure Vermutungen mit dem unten stehenden Informationstext!

?!

Damit der Tote ins Totenreich aufgenommen werden konnte, musste er vor das Totengericht des Gottes Osiris treten. Anubis, der Beschützer der Toten, begleitete ihn in die Halle der Wahrheit. Dort versuchte der Verstorbene mit einer Verteidigungsrede seine Unschuld vor 42 Dämonen und dem obersten Richter Osiris zu beteuern:
„Ich habe kein Unrecht gegen Menschen getan ...
ich habe keinen hungern lassen,
ich habe keine Tränen verursacht,
ich habe nicht getötet,
ich habe nicht zu töten befohlen,
ich habe niemandem Leid zugefügt.
Ich habe nicht die Opfer geschmälert in den Tempeln,
ich habe die Opferbrote der Götter nicht verletzt
und die Opferkuchen der Verklärten [= der Toten] nicht geraubt.
Ich habe nicht mit der Frau eines anderen geschlafen,
ich habe nicht Unzucht getrieben ...
Ich habe keine Vögel aus dem Sumpfdickicht der Götter gefangen ...
Ich habe das Überschwemmungswasser nicht zurückgehalten in seiner Jahreszeit ..."

- Wäre der Verstorbene nach heutigen Maßstäben ein guter Mensch gewesen?

?!

Thot, der Gott der Schreiber, der mit einem Ibiskopf dargestellt wurde, führte Buch. Entscheidend war schließlich das Abwägen des Herzens: ***Anubis*** legte das Herz des Toten auf die eine Waagschale, in der zweiten Waagschale lag eine kleine Figur der Göttin der Wahrheit und des Rechts, der ***Maat***. Blieb die Waage im Gleichgewicht, hatte der Tote bestanden und konnte seine Reise ins Reich des Osiris beginnen. Bestand er diese Prüfung aber nicht, wurde er dem krokodilköpfigen Ungeheuer ***Ammit*** zum Fraß vorgeworfen.

Wir belauschen ein Gespräch, das der Matrose Alexander vor ca. 2300 Jahren mit seinem Sohn Kyrill führte.

A: Komm, mein Sohn, lass uns zum Tempel des Poseidon gehen, um dem Gott zu opfern.

K: Warum nur immer diese Opfer?

A: Lass dir eine Geschichte erzählen! Dann wirst du sicher verstehen, warum ich Poseidon, dem Überfluter und Erderschütterer, opfere. Willst du nicht auch, dass ich wieder zurückkomme?

K: Klar! Aber nun erzähl die Geschichte!

A: Vor langer Zeit kämpfte der Meeresgott Poseidon mit der Göttin Athene um Land. Der Göttervater Zeus entschied, dass beide das Land behalten sollen. Poseidon sollte der König und Athene die Herrin sein. Aber der immer schlecht gelaunte Poseidon mit seiner wilden Gewalt wollte sich mit dieser Entscheidung nicht zufrieden geben.

Birce: Poseidon und seine Pferde. Ölgemälde (1880)

K: Und, was konnte er denn unternehmen?

A: Poseidon hat unglaubliche Kräfte. Ein Schlag mit seinem Dreizack und ein Fels zerspringt in tausend Stücke.
In Urzeiten wurde ihm das Meer als sein Eigentum zugesprochen, während sein Bruder Zeus den Himmel und sein zweiter Bruder Hades die Unterwelt bekamen. Diese Gewalt nutzte er aus und überflutete das ganze Land. Durch das Salzwasser wurde es völlig unfruchtbar. Nur durch viele Opfer und Gebete ließ er sich erweichen und hatte Erbarmen. Das Wasser floss wieder zurück und das Land wurde wieder fruchtbar.
Wenn Poseidon schon nicht davor zurückschreckte, sich dem Göttervater zu widersetzen, so wird er mit einem Sterblichen wie mir doch ganz sicher kurzen Prozess machen, wenn ich ihn erzürne und ihm vor Antritt der Reise kein Opfer darbringe!

K: Dann will ich jetzt doch schnell mit dir zum Tempel gehen und dem Poseidon ein großes Opfer darbringen, damit kein Sturm und keine Wellen euer Schiff zum Kentern bringen.

A: Ja, vielleicht können wir ihn gnädig stimmen. Komm, mein Sohn!

Alles Geschehen in der Natur, alle Vorgänge im Leben der Menschen hatten nach Überzeugung der Griechen ihren Ursprung im Handeln eines Gottes. Mit dem Blitze schleudernden Zeus, der im wolkenverhangenen Olymp thronte, ließ sich auch der heftigste Gewittersturm erklären. Und wenn ein junges Paar verliebt war, hatte sicher die Liebesgöttin Aphrodite ihre Finger im Spiel.

Die Wohnung der wichtigsten Götter war der Olymp, wo ***Zeus***, der Göttervater, mit seiner Gattin ***Hera*** die Olympier um sich scharte. Zu ihnen zählte ***Athene***, die Göttin der Weisheit und der Kunst, ***Poseidon***, der Gott des Meeres, ***Hephaistos***, der Gott des Schmiedehandwerks, ***Aphrodite***, die Göttin der Liebe und der Schönheit, ***Ares***, der Gott des Krieges, ***Apollo***, der Gott der Musik und der Dichtkunst, ***Demeter***, die Göttin des Ackerbaus, ***Hestia***, die Göttin der Familie und Beschützerin des Herdes und ***Hermes***, der Götterbote und Beschützer der Reisenden.

Olymp, höchster Berg auf dem griechischen Festland (2911 m). Sein Gipfel liegt meist in Wolken.

?!
- Wie erklärten sich die Griechen wohl Meeresstürme und Erdbeben?
- Was konnte man tun, um diesen Gefahren zu entgehen?
- Überlege, warum der griechische Götterhimmel von vielen Göttern bewohnt war!

Ödipus

In der Stadt Theben herrschte Laios mit seiner Frau Iokaste. In jungen Jahren befragte Laios das Orakel von Delphi, ob er einen Sohn haben werde. Das Orakel warnte ihn: „Zeuge keinen Sohn! Dieser wird dich sonst töten und deine Frau heiraten!"
Als Iokaste trotzdem schwanger wurde und einen Sohn bekam, wurde dieser gleich nach seiner Geburt mit durchstochenen Füßen ausgesetzt. Ein Hirte fand das Kind und brachte es zu Polybus und Merope, dem kinderlosen Königspaar von Korinth. „Sieh nur die Füße des armen Kindes!", rief Merope. Und Polybus antwortete: „Wir nennen ihn Ödipus (= Schwellfuß)."
Ödipus hielt Polybus für seinen Vater und Merope für seine Mutter. Auf einem Fest beschimpfte ein Gast Ödipus: „Du bist ja nicht mal das Kind deiner Eltern!" Ödipus war entsetzt. Um sich Gewissheit zu verschaffen, ging auch er zum Orakel von Delphi. Statt einer Antwort auf seine Frage weissagte ihm das Orakel: „Du wirst deinen Vater töten und deine Mutter heiraten!" Erschrocken beschloss Ödipus, nicht nach Hause zurückzukehren.
An einer Wegenge trat ihm ein Herold entgegen und rief: „Aus dem Weg!" Dahinter kam ein Wagen, der Ödipus fast überfahren hätte. Als dann auch noch der alte Mann auf dem Wagen ihn mit der Peitsche schlug, kochte in Ödipus eine furchtbare Wut hoch und er schlug mit seinem Wanderstab zuerst den Mann auf dem Wagen und dann dessen Herold tot. Der alte Mann aber war sein leiblicher Vater Laios gewesen.
Nach dieser Tat floh Ödipus in die Berge. Die Königin Iokaste regierte nun allein in Theben. Und als sei der Tod des Königs nicht Unglück genug, ließ sich auch noch das Ungeheuer Sphinx in Gestalt einer geflügelten Löwin mit einem Menschenkopf vor der Stadt nieder. Jeden Tag raubte die Sphinx einen Bewohner der Stadt und sie wollte dies solange tun, bis jemand ein von ihr gestelltes Rätsel richtig lösen konnte.
Da ließ Iokaste verbreiten, dass derjenige, der die Stadt befreit, sie und das Königreich bekommen solle.
Als Ödipus davon hörte, machte er sich auf nach Theben. Die Sphinx stellte ihm folgendes Rätsel:
„Was geht am Morgen auf vier Beinen, am Mittag auf zwei Beinen und am Abend auf drei Beinen?"
Ödipus überlegte kurz, dann antwortete er: „Das ist der Mensch!" Daraufhin stürzte sich die Sphinx ins Meer.
Ödipus heiratete nun Iokaste und wurde König von Theben. Erst viel später erfuhr er durch einen Seher, dass er dem Orakel nicht entkommen war. Er hatte seinen Vater getötet, seine Mutter geheiratet und mit ihr vier Kinder gezeugt.

Das berühmteste griechische Orakel lag in Delphi, wo die Priesterin Pythia die Prophezeiungen des Gottes Apollo offenbarte. Nachdem sie den Rauch brennender Lorbeerzweige eingeatmet hatte, geriet sie in einen Rausch und konnte die Fragen der oft von weit her angereisten Menschen beantworten. Damit das Orakel möglichst oft in Erfüllung ging, musste sich der Fragende auch mit mehrdeutigen Antworten zufrieden geben.
Reiche Klienten wurden in Delphi ausführlich beraten. Ärmere Ratsuchende durften nur Fragen stellen, die sich mit Ja oder Nein beantworten ließen. Pythia griff dann in einen Behälter mit weißen und schwarzen Bohnen. Weiß bedeutete Ja, Schwarz Nein.

Pythia gibt ein Orakel. Vasenmalerei (um 480 v. Chr.)

- Warum befragten die Griechen das Orakel?
- Welche Versuche die Zukunft vorherzusagen kennt ihr aus heutiger Zeit? Was haltet ihr davon?

?!

Krösus befragt das Orakel

Vor rund 2500 Jahren wollte Krösus, der König des lydischen Reiches in Kleinasien, das Reich der Perser erobern. Da er sich über den Ausgang des geplanten Kriegszuges unsicher war, erhoffte er sich Rat vom Spruch eines Orakels. Um auf Nummer sicher zu gehen, beschloss er zunächst die Glaubwürdigkeit verschiedener Orakel zu testen. Dazu schickte er Boten an sieben verschiedene Orakelorte. Am hundertsten Tag nach der Abreise seiner Boten sollte jedes der Orakel danach befragt werden, was er, Krösus, gerade tue.

Um einen Zufallstreffer auszuschließen, saß Krösus an diesem Tag vor einem mit einem Deckel verschlossenen Eisenkessel und kochte Fleisch von einer Schildkröte und einem Lamm.

„Weiß ich doch der Sandkörner Zahl und die Masse des Meeres,
Selbst den Stummen vernehm' ich, und den Nichtsprechenden hör' ich,
den Duft von einer Schildkröte nahm ich wahr, dem gepanzerten Tier,
das in eisernem Kessel gekocht wird, und Stücke von Lammfleisch,
Eisen ist darunter gelegt, und Eisen wird ruh'n auf dem Kessel."

So lautete die Antwort der Pythia. Krösus fasste daraufhin Vertrauen zum Orakel von Delphi. Auf seine Frage, ob er nun gegen die Perser in den Krieg ziehen solle, erhielt er die Auskunft: *„Wenn du den Fluss Halys (Grenzfluss zum Perserreich) überschreitest, wirst du ein großes Reich zerstören."*

Krösus verstand dies als Ankündigung eines triumphalen Sieges und marschierte los.

Das Reich, das er mit dem Kriegszug zerstörte, war sein eigenes.

Abrahams Berufung

Der Herr sprach zu Abram:

„Zieh weg aus deinem Land, von deiner Verwandtschaft und aus deinem Vaterhaus in das Land, das ich dir zeigen werde.

Ich werde dich zu einem großen Volk machen, dich segnen und deinen Namen groß machen. Ein Segen sollst du sein.
Ich will segnen, die dich segnen; wer dich verwünscht, den will ich verfluchen. Durch dich sollen alle Geschlechter der Erde Segen erlangen." (Gen 12,1-3)

Da zog Abram weg, wie der Herr ihm gesagt hatte, und mit ihm ging auch Lot. Abram war fünfundsiebzig Jahre alt, als er aus Haran fortzog.

Abram nahm seine Frau Sarai mit, seinen Neffen Lot und all ihre Habe, die sie erworben hatten, und die Knechte und Mägde, die sie in Haran gewonnen hatten. Sie wanderten nach Kanaan aus und kamen dort an.

Abram zog durch das Land bis zur Stätte von Sichem zur Orakeleiche.
Die Kanaaniter waren damals im Land.

Der Herr erschien Abram und sprach: *„Deinen Nachkommen gebe ich dieses Land"*. Dort baute Abram dem Herrn, der ihm erschienen war, einen Altar.

Von da brach er auf zum Bergland östlich von Bet-El und schlug sein Zelt so auf, dass er Bet-El im Westen und Ai im Osten hatte. Dort baute er dem Herrn einen Altar und rief den Namen des Herrn an.

?!
- Vergleicht die beiden Texte! Welche Gemeinsamkeiten, welche Unterschiede könnt ihr finden?
- Welche Vorstellung von Gott liegt dem jeweiligen Text zu Grunde?

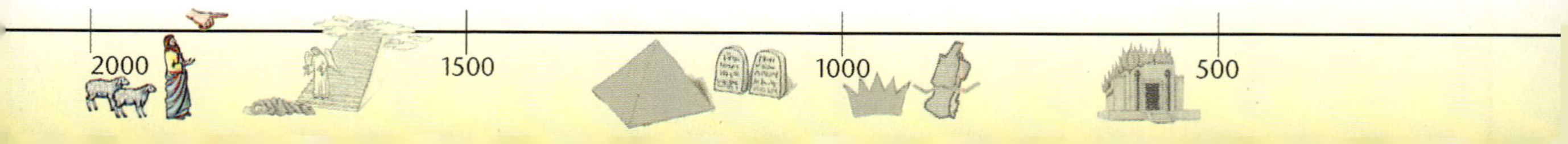

Abraham – Abram

Abram (das heißt übersetzt *der Vater liebt*), den die Bibel später Abraham (das heißt übersetzt *Vater der Menge*) nennt, war wahrscheinlich einer der Halbnomaden, die vor etwa 3500 bis 4000 Jahren in Kanaan lebten.
Kanaan, das Land zwischen dem Mittelmeer und der syrischen Wüste, wurde später von den Römern auch Palästina genannt. Die Einwohner dieses Landes, die Kanaaniter, lebten in Städten und verehrten dort verschiedene Götter, die für unterschiedliche Bereiche des Lebens zuständig waren. Eine Hauptgottheit war der Gott Baal, von dem man Wachstum und Fruchtbarkeit erwartete.
Die Halbnomaden, die in Großfamilien zusammen lebten, verehrten meist einen Sippengott. Dieser hatte noch keinen festen Namen, sondern hieß nach dem Familienoberhaupt oder Stammvater, also zum Beispiel ***„der Gott Abrahams"***.

Von diesem Gott Abrahams erzählt uns die Bibel. Abraham, der nach den Erzählungen des Alten Testaments aus Ur in Chaldäa stammt, war von dort entlang des fruchtbaren Halbmondes nach Haran ausgewandert. Dort führte er ein gutes Leben. In dieses geruhsame Dasein brach die Stimme Gottes ein.

- Sucht die genannten Gebiete und Orte auf der Karte!
- Vergleicht die Karte mit einer Karte des Nahen Ostens aus eurem Atlas!
- Wie heißen die Länder in diesem Gebiet heute?

?!

Stammvater (oder Patriarch):
Gründer einer Sippe, meist mit Vorbildcharakter für spätere Generationen

Halbnomaden:
Wanderhirten, die für eine bestimmte Zeit des Jahres mit ihren Herden im Umkreis eines festen Wohnsitzes umherziehen

Fruchtbarer Halbmond:
Halbkreisförmiges fruchtbares Gebiet, das den Nordsaum der Arabischen Halbinsel umschließt

Mesopotamien
(griech.: das Zwischenstromland): Gebiet zwischen Eufrat und Tigris, im Altertum bedeutende Kulturlandschaft mit mächtigen Königsstädten und Tempeln

Die Religionen Mesopotamiens
Anders als die Halbnomaden verehrten die Völker Mesopotamiens mehrere Götter, z. B. Utu, den Sonnengott, Nanna, den Mondgott, und viele andere Stadt- und Hausgötter, für die sie riesige Tempelanlagen bauten.

Gottes Versprechen – Sein Bundesangebot

Gott führte Abram hinaus und sprach:
Sieh doch zum Himmel hinauf und zähl die Sterne, wenn du sie zählen kannst.
Und er sprach zu ihm:
So zahlreich werden deine Nachkommen sein. (Gen 15,5)

Rudolf Büder:
Die Verheißung an Abraham
Gemälde (1963)

Das ganze Land nämlich, das du siehst, will ich dir und deinen Nachkommen für immer geben. (Gen 13,15)

Mach dich auf, durchzieh das Land in seiner Länge und Breite; denn dir werde ich es geben. (Gen 13,17)

Ich mache deine Nachkommen zahlreich wie den Staub auf der Erde. (Gen 13,16)

Beschneidung

Die Entfernung der Vorhaut des männlichen Gliedes. Die Beschneidung wird meist bereits kurz nach der Geburt vorgenommen. Juden und Moslems, die wie wir Christen Abraham als ihren Stammvater ansehen, praktizieren diesen Brauch bis heute.
Die ersten Christen waren sich nicht sicher, ob für sie die Forderung nach der Beschneidung weiterhin Gültigkeit haben sollte. Schließlich hatte Jesus mit seinem Kreuzestod einen neuen Bund besiegelt. Die Beschneidung als das Zeichen des alten Bundes hatte damit an Bedeutung verloren. Paulus meinte, entscheidend sei die „Beschneidung des Herzens", der wahre Glaube könne im Herzen von jedem angenommen werden. So kann jeder, gleichgültig, ob er beschnitten ist oder nicht, im Glauben an Jesus Christus zu einem geistigen Nachkommen Abrahams werden.

?!

- Überlegt euch, warum Gott sein Versprechen mehrmals gibt!
- Lest: Genesis 17,1-17!
- Was unterscheidet Gottes Versprechen in Gen 17,1-17 von den vorherigen?
- Vergleicht die Reaktion Abrahams in Gen 17,17 mit dem, was ihr von Abraham bisher kennen gelernt habt!
- Sucht nach Gründen, warum ein starker Partner einem schwächeren ein Bündnis anbieten könnte!
- Welche dieser Überlegungen könnte auf das Bundesangebot Gottes mit Abraham zutreffen?
- Wie sollte eurer Meinung nach ein schwächerer Partner auf ein solches Angebot reagieren?
- Versucht auch diese Gedanken auf das Verhältnis Mensch – Gott zu übertragen!

Abraham bewirtet die drei Engel
Ausschnitt aus Mosaik in Santa Maria Maggiore, Rom

?!

- Lest: Gen 18,1-15!
- Vergleicht die Reaktion Saras in Gen 18,12 mit der Reaktion Abrahams in Gen 17,17!
  Warum erzählt die Bibel wohl von diesen wenig schmeichelhaften Verhaltensweisen?
- Lest: Gen 21,1-8!
- Welcher Zusammenhang kann zwischen der Geburt Isaaks und den anderen Versprechen Gottes gesehen werden?

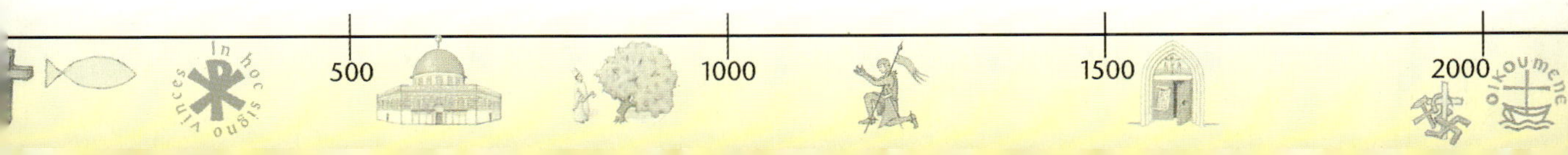

In Gen 22,1-19 erfahren wir, wie Gott Abraham auf die Probe stellte.

Judith: Puh, dass Gott so grausam sein kann, hätte ich nicht gedacht!
Miriam: Wieso grausam? Dem Isaak ist doch gar nichts passiert!
Judith: Na hör mal! …

?! • Führt dieses Gespräch kurz weiter!

Menschenopfer waren bei vielen Völkern lange Zeit üblich.
Für diesen Brauch, der uns heute grausam erscheint, gab es verschiedene Beweggründe:

- Die Götter sollten durch die Opferung des wertvollsten Gutes, das man hatte, gnädig gestimmt werden. Das Wertvollste aber war der erstgeborene Sohn.
- Auch glaubte man, durch ein Menschenopfer sich selbst oder die Gemeinschaft von Sünden rein waschen zu können; die Schuld sollte durch das Opfer getilgt werden.
- Manche Völker nahmen an, dass im Blut des Menschen besondere Lebenskräfte seien, die durch die Opferung freigesetzt würden. So sollten die Götter gleichsam durch die Opfer ernährt werden. Damit hoffte man den Bestand der Welt zu sichern.
- Kinder wurden auch in die Fundamente von Gebäuden eingegraben, damit diese besonders geschützt seien.

Man vermutet, dass Moorleichen dem Gott Odin geopfert wurden.
Das Bild zeigt die konservierte Leiche eines Mädchens.

Plutarch, ein römischer Schriftsteller, der von 46–120 n. Chr. lebte, schrieb über die Kinderopfer in Karthago, einer Stadt, die im heutigen Tunesien lag:

Sie brachten die eigenen Kinder als Schlachtopfer dar. Kinderlose kauften dazu kleine Kinder von Armen, als ob es Lämmer oder junge Vögel wären; die Mutter stand dabei ohne Tränen und Seufzen, denn hätte sie geweint oder geseufzt, so hätte sie auf den Kaufpreis verzichten müssen, aber das Kind wäre trotzdem geopfert worden. Der ganze Raum vor dem Götterbild war von Lärm erfüllt, mit Pfeifen- und Trommelklang, damit man das Schreien nicht hörte.

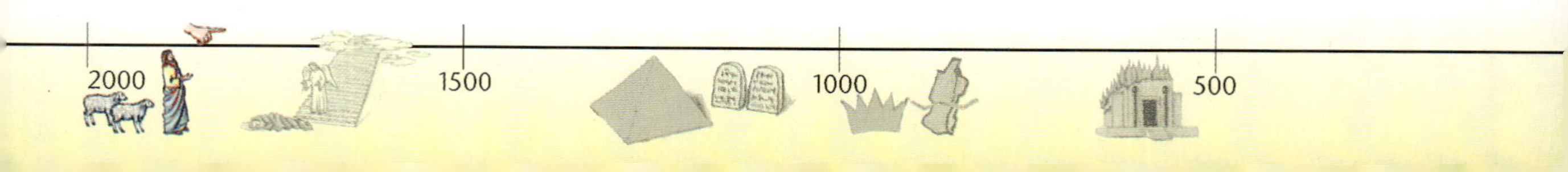

Marc Chagall: Die Opferung des Isaak
Gemälde (1932)

- Nehmt das Gespräch von oben nochmals auf und verwendet jetzt auch die neuen Hintergrundinformationen! Diskutiert darüber, ob die Geschichte von der Opferung Isaaks eher grausam oder eher ermutigend ist!

Abraham – Stammvater des Glaubens für Juden, Christen und Muslime

Eingang in die Höhle mit dem Grab des Abraham in Hebron

Alte jüdische Überlieferungen sagen, dass Avram (= Abraham auf hebräisch) Ben-Terach (= das heißt *Sohn des Terach*) im Jahr 2040 vor unserer Zeit geboren wurde. Seine Eltern, so heißt es, besaßen ein Geschäft, in welchem sie Götzenbilder verkauften. Man erzählt sich, dass Avram, als er eines Tages alleine im Laden seines Vaters war, die Statuen der Götzen zerstörte. Sein Vater war deshalb sehr zornig und fragte, was geschehen sei. Avram antwortete, der größte der Götzen habe die kleineren zerstört. Sein Vater geriet jetzt erst recht in Zorn: „Du weißt ganz genau, dass die Götzen sich nicht bewegen können." – „Wenn diese sich nicht selbst helfen können, dann sind wir ihnen doch überlegen – weshalb also sollten wir uns vor ihnen niederwerfen?"

Avram gelangte schon früh zu der Überzeugung, dass es nur einen einzigen ewigeinen Gott gebe und dass dieser Gott allgegenwärtig sei. In diesem ewigen Gott sah er den Schöpfer des Himmels und der Erde. So konnte er an einem Götzenkult mit verschiedenen Göttern nicht mehr teilhaben. Es konnte einfach nicht stimmen, dass man in verschiedenen Situationen verschiedene Götter anzurufen hatte. So verließ er Haran, seine Eltern, seine Heimat und seine Kultur samt deren Religion. Gott schloss mit ihm einen Bund und wir als seine Nachkommen übernehmen seine Religion. Deshalb kann man auch sagen, er ist der Stammvater unserer jüdischen Religion.

Die 1. Sure aus dem Koran

Im heiligen Buch des Islam, dem Koran, kann man einiges über Ibrahim (so heißt Abraham auf arabisch) erfahren. Dort steht:

„Als Abraham die Nacht einhüllte, sah er einen Stern. Er sagte sich: ‚Das ist wohl mein Herr.' Doch als dieser unterging, sagte er: ‚Ich liebe die Untergehenden nicht.' Als er dann den Mond sah, der hell leuchtete, sagte er sich: ‚Das ist wohl mein Herr.' Als dieser aber auch unterging, sagte er: ‚Würde mein Herr mich nicht führen, ich würde zu den Leuten gehören, die umherirren.' Als er dann die Sonne sah, die hell strahlte, sagte er sich: ‚Das ist wohl mein Herr; das ist das Größte!' Als sie jedoch unterging, sprach er: ‚Mein Volk, ich bin frei von allem, was ihr an Gottes Stelle setzt. Ich wende mein Angesicht dem zu, der Himmel und Erde erschaffen hat, und ich gehöre nicht zu den Götzendienern.'" (Sure 6, 76-80)

Damit wurde Ibrahim für den Islam zum ersten Muslim, das heißt dem ersten Menschen, der den einen Gott anbetet. Er ist also gewissermaßen ein Stammvater des Islam.

Christus. Buchmalerei (1173/1188)

Paulus schreibt im Brief an die Galater:

*„Ihr seid alle durch den Glauben Söhne Gottes in Christus Jesus ...
Wenn ihr aber zu Christus gehört, dann seid ihr Abrahams Nachkommen, Erben kraft der Verheißung."*

Gal 3, 26-29

?!

- Was war auf dieser Seite neu für euch, was kanntet ihr schon?

Das christliche Glaubensbekenntnis

Ich glaube an Gott, den Vater, den allmächtigen, den Schöpfer des Himmels und der Erde, und an Jesus Christus, seinen eingeborenen Sohn ...

Sch'ma Israel (= Höre Israel)

Das Sch'ma Israel (= Höre Israel) ist das wichtigste Gebet der Juden. Es wird zweimal am Tag gebetet.

Höre Israel!
Jahwe, unser Gott, Jahwe ist einzig.
Darum sollst du den Herrn,
deinen Gott, lieben
mit ganzem Herzen,
mit ganzer Seele und
mit ganzer Kraft.
Diese Worte, auf die ich dich heute verpflichte,
sollen auf deinem Herzen geschrieben stehen.
Du sollst sie deinen Söhnen wiederholen.
Du sollst von ihnen reden, wenn du zu Hause sitzt
und wenn du auf der Straße gehst,
wenn du dich schlafen legst
und wenn du aufstehst.
Du sollst sie als Zeichen um das Handgelenk binden.
Sie sollen zum Schmuck auf deiner Stirn werden.
Du sollst sie auf die Türpfosten deines Hauses und in deine Stadttore schreiben.

Dtn 6,4–9

Fatiha

Die Fatiha (= Eröffnung) ist die erste Sure (Kapitel) im Koran. Jeder Muslim soll diese Sure, die eigentlich ein Gebet ist, fünfmal am Tag beten.

Lob sei Gott, dem Herrn der Menschen in aller Welt,
dem Barmherzigen und Gnädigen,
der am Tag des Gerichts regiert!
Dir dienen wir, und dich bitten wir um Hilfe.
Führe uns den geraden Weg,
nicht den Weg derer, die dem Zorn verfallen sind und irregehen!

1. Sure

?!

- Vergleicht das Sch'ma Israel, die erste Sure des Koran und das christliche Glaubensbekenntnis miteinander!
  Welche Gemeinsamkeiten könnt ihr feststellen, welche Unterschiede?
- Welche Vorstellungen von Gott werden jeweils besonders betont?
- Wo könnt ihr den einen, gleichen Gott erkennen?

1. Sternstunde: Gestaltet einen Sternenhimmel! Jeder malt oder bastelt einen Stern, in den er einen Gedanken schreibt. Diese Sterne befestigt ihr an der Decke eures Klassenzimmers.
2. Legt einen *Spuren-Ordner* an! In diesem sammelt ihr Ausschnitte aus Zeitungen und Illustrierten, die Spuren Gottes in der Welt zeigen. Das können Fotos, Zeichnungen oder Berichte sein. Malt zu dem einen oder anderen Bericht ein Bild!
3. Erstellt eine Bildergalerie, in der ihr Bilder des Anfangs und Bilder vom Ende (z. B. Geburt / Tod; Schulanfang / Abiturfeier; ...) zeigt!
4. Entwerft eine kleine Ausstellung der alten Götterwelt der Germanen, Griechen oder Ägypter in eurem Klassenzimmer!
   Informationen bekommt ihr nicht nur im Internet, sondern z. B. auch in der Kinder- und Jugend-Abteilung eurer Bibliothek. Aber vielleicht hilft euch euer Kunstlehrer bei der künstlerischen Gestaltung.
5. Sicher wisst ihr, was ein Musical ist! Aber kennt ihr auch ein Lesical? Wie wäre es, wenn ihr ein Lesical gestaltet, das der Lebensgeschichte Abrahams folgt?
   Ihr braucht dazu verschiedene Bibeln (Kinderbibeln, Schulbibel, Bibel als Comic usw.).
   In diesen Bibeln sucht ihr die Geschichten von Abraham und stellt aus den verschiedenen Texten ein Vor-Lesical zusammen, das ihr z. B. im Reli-Unterricht vortragt. Wenn ihr Kontakt mit dem Pfarrer der Gemeinde an eurem Schulort aufnehmt, gibt es vielleicht auch die Möglichkeit, das Abraham-Lesical während eines Gottesdienstes vorzutragen.

1. Malt ein großes Bild, in dem ihr drei unterschiedliche Situationen darstellt, in denen Menschen glücklich sind!

2. *Aller Anfang ist schwer; jedem Anfang wohnt ein Zauber inne; das ist der Anfang vom Ende.*

   Sprecht über die Bedeutung dieser Redensarten. Könnt ihr zustimmen? Kennt ihr andere Sprichwörter, in denen der Anfang vorkommt? Sammelt sie und diskutiert über ihre Bedeutung!

3. *Gott ist anders, als wir denken.*
   Er ist für uns kein frommer Traum.
   Nur Gott kann unser Leben lenken,
   denn er schwebt nicht im Weltenraum.

   Gott passt nicht in unsre Formen.
   Er ist anders. Er ist Gott.
   Er hat seine eigenen Normen,
   die nicht begrenzt sind durch den Tod.

   Gott ist täglich gegenwärtig,
   er ist immer für uns da
   und auch dann nicht mit uns fertig,
   wenn er viel Unrecht bei uns sah.

   Gott ist anders, als wir denken.
   Wir verdammen, er vergibt;
   wo wir fordern, will er schenken.
   Gott ist anders, weil er liebt.

   Versucht zwei weitere Strophen zu diesem Lied zu schreiben!

4. Schreibt eine Geschichte mit dem Titel: *Als Gott eine Spur im Leben von Daniel hinterließ!*

5. *Es ist wohl ein Finger nötig, um auf den Mond zu deuten, aber was für ein Unfug, wollte einer den Finger für den Mond halten.*

   Was hat dieser Satz mit den Vorstellungen und Bildern von Gott zu tun?

6. Versucht möglichst viele Unterschiede zwischen dem Gott Abrahams und der Götterwelt der Germanen, der Griechen oder der Ägypter zu finden!

7. Bildet Zweier-Gruppen und spielt das Abraham-Schnipp-Schnapp:

   Dazu müsst ihr auf je einem kleinen Karteikärtchen folgende Begriffe notieren: *Abraham, Hebron, Stammvater, Isaak, Sara, Bund, Ur, Ägypten, Götzen, Angst, Glaube, Gott, Patriarch, Verheißung, Vertrauen, Opfer, Volk, Segen*

   Wenn ihr fertig seid, teilt ihr die Karten so auf, dass jeder zwei Karten mit jedem Begriff hat, also insgesamt 36 Karten. Nun mischt jeder seinen Stapel und legt ihn verdeckt vor sich hin. Dann nehmen beide Mitspieler gleichzeitig die oberste Karte ihres Stapels und legen sie so in die Mitte, dass man beide Karten lesen kann. Befinden sich zwei unterschiedliche Begriffe im Spiel, nehmt ihr die nächsten beiden Karten nach dem gleichen Verfahren. Sobald zwei gleiche Karten im Spiel sind, gilt es, so schnell wie möglich *„Schnipp Schnapp"* zu rufen. Derjenige, der dies als Erster schafft, muss zu dem Begriff einen Satz bilden, der Inhalte des Unterrichts enthält. Bei Abraham könnte er z. B. sagen: „Abraham ist der Stammvater von drei Religionen." Stimmt der Satz, bekommt er alle Karten, die in der Mitte liegen, stimmt er nicht, muss er dem Mitspieler drei Karten seines Stapels abgeben. Kommt ein gleicher Begriff mehrmals, muss ein neuer Satz gebildet werden. Es dürfen keine Inhalte wiederholt werden! Wenn jemand keinen Satz weiß, darf der Mitspieler es versuchen. Ruft ein Spieler: *„Schnipp Schnapp"*, obwohl nicht die gleichen Begriffe aufliegen, gehen die Karten, die offen auf dem Tisch liegen, an den anderen Spieler.

   Das Spiel ist beendet, wenn

   a) ein Spieler keine Karten mehr hat

   b) beide Spieler zu einem Begriff keinen Satz mehr bilden können. Dann hat derjenige gewonnen, der die meisten Kärtchen hat.

III. Die Bibel: Erfahrungen unseres Glaubens in einem Buch

GLAUBE, LIEBE,
HOFFNUNG. LIVE.
JEDE WOCHE 3 TOPSPIELE.
DIE ERSTEN 2 MONATE DES JAHRESABOS FÜR NUR
99,- DM
DIE BUNDESLIGA-RÜCKRUNDE AB 19.2.
PREMIERE

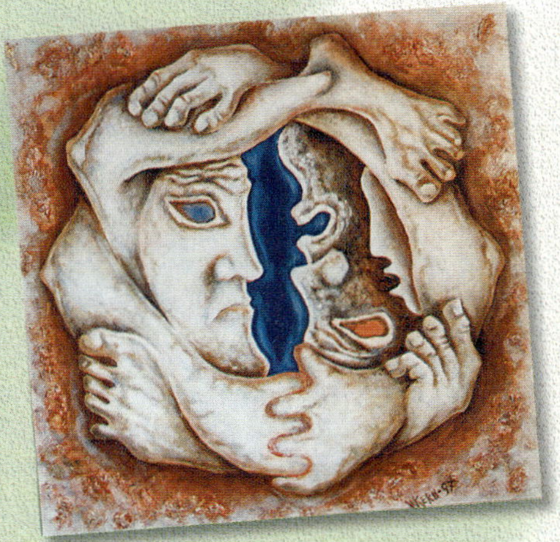

JOSEPH
And The Amazing Techni-color Dreamcoat
18.07. bis 24.07. täglich im Theatersaal des Gymnasiums
Beginn: 20.00 Uhr, Eintritt frei
Musical Company des Gymnasiums Donauwörth
www.gym-don.de

BRK
Bayerisches Rotes Kreuz

Seit ihrer Entstehung hat die Bibel das Leben der Menschen bis in den Alltag geprägt, und auch heute begegnet sie uns tagtäglich.

- Was haben diese Werbeplakate mit der Bibel zu tun?

Wer denkt da an die Bibel?

- jemanden auf Herz und Nieren prüfen
- seine Hände in Unschuld waschen
- das passiert nur alle Jubeljahre einmal
- jemandem sein Herz ausschütten
- das ist für mich ein Buch mit sieben Siegeln
- wer anderen eine Grube gräbt, fällt selbst hinein
- der Geist ist willig, aber das Fleisch ist schwach
- auf Sand bauen
- Wind säen und Sturm ernten

- Was bedeuten diese Redewendungen in unserem Sprachgebrauch?
- Untersucht mit Hilfe eures Lehrers, was mit den einzelnen Redewendungen ursprünglich gemeint war!

Unsere Zeiteinteilung und die Bibel

Bei Jahreszahlen, wie z. B. 333 v. Chr. oder 476 n. Chr., ist die Zeiteinteilung in „vor Christus" und „nach Christus" für uns ganz selbstverständlich.

Der 7-Tage-Rhythmus unserer Woche ist uns so vertraut, dass wir uns das gar nicht mehr anders vorstellen können.
Weihnachten, Ostern und Pfingsten gehören zu den „Hoch-Zeiten" in jedem Jahr (und werden durch Ferien gebührend hervorgehoben).

Ohne die Bibel gäbe es alle diese uns so vertrauten Gliederungen der Zeit nicht!

Hilfsorganisationen mit biblischem Namen

ASB Arbeiter-Samariter-Bund

BRK Bayerisches Rotes Kreuz

Bei diesen beiden Beispielen erkennt man auf Anhieb die Herkunft der Namen aus der Bibel. Aber auch andere Organisationen wie z. B. Misereor oder Caritas haben bei der Namensgebung an die Bibel gedacht.

- Erkundige dich!

?!

Biblische Eigennamen

Klassenliste der 5a

1. Susanne A…
2. Daniel B…
3. Mirjam D…
4. Ruth F…
5. Michael H…
6. Markus K…
7. Esther M…
8. David N…

Das sind nur einige Beispiele für Eigennamen aus der Bibel.

- Wer von euch hat einen „biblischen Namen"?
- Findet heraus, welche Rolle diese Person in der Bibel spielt!
- Einige von euch sammeln sicher Briefmarken. Es gibt Briefmarken mit biblischen Motiven. Bringt doch einmal welche mit und stellt sie vor!
- Sucht in eurer näheren Umgebung nach Spuren der Bibel: Welche Straßen, Krankenhäuser, Altenheime, Kirchen sind nach biblischen Personen benannt?

?!

Jakobs Erfahrungen mit Gott

Jan: Und, was hältst du von Abraham?
Tobias: Irgendwie bin ich hin und her gerissen. Es ist schon toll, wenn einer so fest glauben kann. Aber gerade deshalb ist er mir ein paar Nummern zu groß!
Jan: Mir geht's da ganz genauso! Ob wohl alle Personen in der Bibel so perfekt sind?

Der Traum

Da sitze ich nun. Heute kann ich nicht mehr weiter. Es ist schon dunkel. Und ich bin ganz allein. Was soll jetzt aus mir werden? Ich habe solche Angst! Wie konnte es nur so weit kommen?

Isaak, der einzige Sohn von Abraham und Sara, heiratete Rebekka, die aus Haran stammte, Abrahams einstiger Heimat. Rebekka wurde schwanger mit Zwillingen. Schon im Mutterleib vertrugen sie sich nicht und stießen sich gegenseitig. Es waren eben zwei sehr verschiedene Brüder!

→ Gen 25,24-34

- Lies die Information zu „Erstgeburtsrecht"!
- Wie beurteilst du Jakobs Verhalten?
- Charakterisiere die beiden Brüder!

Als Isaak alt geworden war und schon nicht mehr sehen konnte, wollte er Esau seinen väterlichen Segen erteilen. Da aber griff Rebekka zu einer List:

→ Gen 27,1-40

- Lies die Information zu „Vatersegen"!
- Fasse zusammen, wo sich die einzelnen Familienmitglieder bisher falsch verhalten haben!
  Wer trägt die Verantwortung?
- Wie könnte die Geschichte weitergehen?

Esau denkt nicht daran, seinen Bruder als Oberhaupt der Familie anzuerkennen. Nein – er will sich für den Betrug rächen und Jakob töten.

Rebekka möchte das unbedingt verhindern und schickt Jakob zu ihrem Bruder Laban, der weit weg in Haran (s. Karte S. 49) lebt. Dort soll er bleiben, bis sich Esaus Zorn gelegt hat.

Jakob hat keine andere Wahl. Er macht sich also auf den langen Weg in das fremde Land. Als es Abend wird, kommt er an einen einsamen Ort, wo er übernachten will.

- Welche Gedanken und Gefühle bewegen Jakob wohl, wenn er an seine Vergangenheit, seine Zukunft und an Gott denkt? Das Bild in der linken Spalte kann dir helfen.

→ Gen 28,10-22

- Was soll mit dem Traumbild von der Treppe zwischen Himmel und Erde ausgedrückt werden?
- Was verspricht Gott dem Jakob?
- Wie müsste Jakob auf den Traum eigentlich reagieren? Wie deutest du seine Reaktion?

Erstgeburtsrecht: Der erstgeborene Sohn erhielt in Israel doppelt so viel wie die übrigen Erben. Nach dem Tod des Vaters wurde er das neue Oberhaupt der Familie. Die anderen Geschwister mussten ihm gehorchen.

Vatersegen: Mit dem Vatersegen ist es wie bei einer Schiedsrichterentscheidung im Fußball: Der Schiedsrichter kann nur eine Entscheidung treffen (z. B. Elfmeter oder „Schwalbe"), und nach einem einzigen Pfiff ist alles klar. So hat auch Isaak nur einen Segen. Ist er erst einmal ausgesprochen, „wirkt" er und kann nicht mehr zurückgenommen werden.

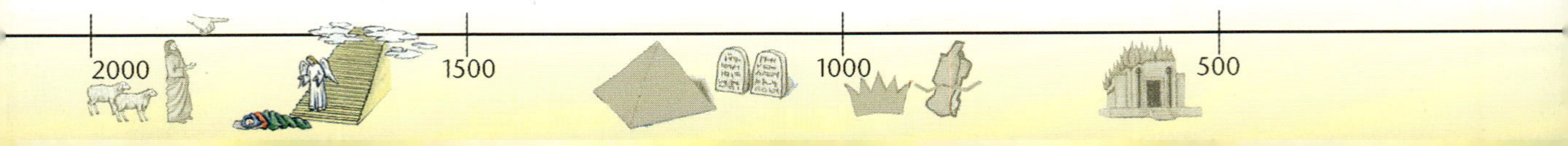

Rene Magritte: L'avenir des statues
Öl auf Gips (um 1932)

- Lass das Bild in Ruhe auf dich wirken!
- Passt es deiner Ansicht nach zu Jakobs Traum? Begründe deine Meinung!
- Versuche selbst in einem Bild diese Gotteserfahrung Jakobs auszudrücken!

?!

Jakobs Kampf

Wieder ist es Nacht. Wieder sitze ich allein da. Wieder habe ich große Angst. Dabei sind zwanzig Jahre vergangen. So viel ist geschehen …

Name: *Früher sah man den Namen eng mit seinem Träger verbunden, und zwar so, dass im Namen immer schon etwas von dessen Wesen enthalten war und bei seiner Nennung preisgegeben wurde. Mit dem Namen eines anderen kannte man also sein Wesen und hatte Macht über ihn. Vergleiche mit den Überlegungen zu deinem Namen auf S. 12!*

Jakob war nach einer langen Reise nach Haran gelangt und von seinem Onkel Laban aufgenommen worden. Dieser hatte zwei Töchter: Lea, die ältere, gefiel Jakob nicht besonders, aber in ihre jüngere Schwester Rahel verliebte er sich gleich. Als ihn Laban fragte, welchen Lohn er für seine Arbeit bei ihm haben wollte, antwortete Jakob, der ja nichts besaß, um den Brautpreis zu bezahlen: „Ich will um Rahel sieben Jahre dienen."

Laban war damit einverstanden.

Als die sieben Jahre vorüber waren, freute sich Jakob auf die Hochzeit mit Rahel. Laban aber fädelte alles so ein, dass Jakob, ohne es zu merken, die Hochzeitsnacht mit Lea verbrachte. So hatte Jakob all die Jahre für eine Frau gearbeitet, die er gar nicht wollte. Als er am Morgen den Betrug bemerkte und Laban Vorwürfe machte, bot der „großzügig" an, Jakob könne auch Rahel zur Frau haben – wenn er noch einmal so lange für ihn arbeiten würde.

Damit war Jakob, der Betrüger, selbst gründlich betrogen worden!

Nach den 14 Jahren, die Jakob für Rahel und Lea gearbeitet hatte, blieb er noch sechs weitere Jahre bei Laban, um zu eigenem Besitz zu kommen. Mit Tricks bei der Viehzucht revanchierte er sich bei seinem Onkel und verschaffte sich auf dessen Kosten eine große Herde Schafe, Ziegen, Esel und Kamele. So war aus dem einsamen Flüchtling nach 20 Jahren der reiche Vater einer großen Familie geworden. Denn im Laufe der Zeit waren elf Söhne und eine Tochter geboren worden.

Als Jakob mitteilte, Gott habe ihn beauftragt, wieder in die Heimat zurückzukehren, wollte Laban den erfolgreichen Schwiegersohn, von dem er trotz seiner Betrügereien sehr profitierte, nicht ziehen lassen. Es kam zu Spannungen. Jakob wollte sich wiederum dem Konflikt nicht stellen, wartete ab, bis Laban einige Tage nicht zuhause war und machte sich dann mit seiner Familie und seinem Vieh heimlich davon.

Laban holte ihn zwar ein, gab aber schließlich nach und ließ ihn ziehen. Je näher Jakob der Heimat kam, desto mehr beschäftigte ihn ein Gedanke: Wie sollte er die unvermeidliche Begegnung mit Esau hinter sich bringen?

→ Gen 32,4-22

- Wie wirkt Jakobs Gebet auf dich? Welches Licht werfen die Maßnahmen, die Jakob nach seinem Gebet ergreift, auf sein Gottvertrauen?
- Was weist darauf hin, dass Jakob Esau wieder austricksen will?

Dann geschieht etwas Rätselhaftes:

→ Gen 32,23-33

- Wie hätte sich Jakob, anstatt zu kämpfen, noch verhalten können? Welche Verhaltensweise hättest du nach allem, was du bisher von ihm kennen gelernt hast, erwartet?
- Lies die Erklärung zu „Name" am linken Rand dieser Seite! Was bedeutet es also, wenn Jakob aufgefordert wird, seinen Namen zu nennen?
- Was wird durch die Umbenennung von „Jakob" zu „Israel" deutlich?
- Jakob hat schon den Vatersegen – warum will er noch einmal gesegnet werden?

Am Tag nach dieser denkwürdigen Nacht treffen die beiden Brüder aufeinander.

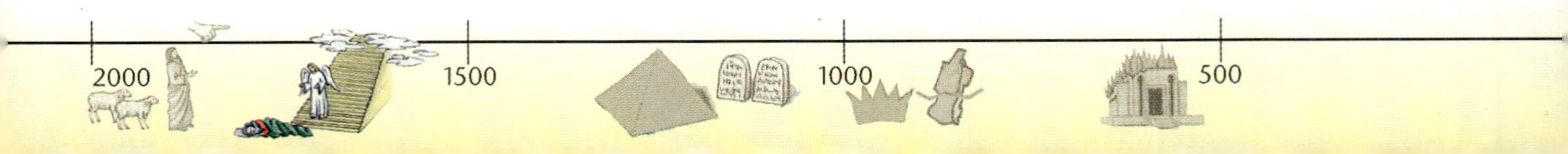

Rembrandt: Jakobs Kampf mit dem Engel
Ölgemälde (1659)

Walter Habdank: Jakobs Kampf
Holzschnitt (1973)

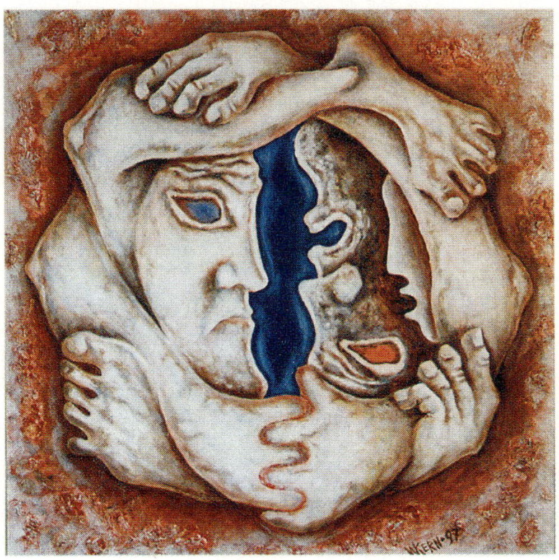

Waldemar Kern: Jakobs Kampf
Ölgemälde (1997)

- Betrachte die drei Bilder in Ruhe! Welche Unterschiede fallen dir auf?
- Welches Bild bringt deiner Ansicht nach das nächtliche Geschehen am besten zum Ausdruck? Begründe deine Meinung!

?!

→ Gen 33,1-11

- Vergleiche Jakobs Verhalten mit seinen Maßnahmen vor dem nächtlichen Kampf! Woran kann man erkennen, dass er sich verändert hat?
- Auch in deinem Leben lässt sich Streit nicht immer vermeiden. Worin können dir Jakob und Esau Vorbild sein, worin nicht?

?!

Josef und seine Brüder

Die Geschichte von Josef, dem ersten Sohn von Jakob und seiner Lieblingsfrau Rahel, kennt ihr schon von der Grundschule her.

- Versucht, den Inhalt mit Hilfe der kurzen Textausschnitte und Bilder abschnittsweise zu erschließen!

Der Träumer

Jakob liebte Josef unter all seinen Söhnen am meisten. Er ließ ihm einen Ärmelrock machen. (Gen 37,3)

Als seine Brüder sahen, dass ihr Vater ihn mehr liebte …, hassten sie ihn. (Gen 37,4)

Josef erzählt seine Träume:

„Dort kommt ja dieser Träumer. Jetzt aber auf, erschlagen wir ihn …!" (Gen 37,20)

Sie zogen ihm sein Gewand aus, den Ärmelrock …, und warfen ihn in die Zisterne. (Gen 37,23-24)

„Was haben wir davon, wenn wir unseren Bruder erschlagen …? Kommt, verkaufen wir ihn der Karawane!" (nach Gen 37,26-27)

Da nahmen sie Josefs Gewand, schlachteten einen Ziegenbock und tauchten das Gewand in das Blut ein. Dann schickten sie den Ärmelrock zu ihrem Vater und ließen ihm sagen: Sieh doch, ob das der Rock deines Sohnes ist oder nicht! (Gen 37,31-32)

Emil Nolde: Joseph erzählt seine Träume
Ölgemälde (1910)

- Erkundigt euch: Was ist ein Ärmelrock, was eine Zisterne?
- Versucht die Höhen und Tiefen dieses Abschnitts in einer Kurve darzustellen! Nähere Informationen dazu findet ihr auf der nächsten Seite!
- Warum hätte Josef seine Träume – obwohl er sie ja wirklich geträumt hat – lieber nicht erzählen sollen?
- Überlegt euch andere Situationen, in denen es besser sein kann, über etwas zu schweigen, auch wenn es wahr ist!
- Wie kam es bei Josefs Brüdern dazu, dass sich ihre Aggressionen derart „aufgestaut" haben, dass sie ihn töten wollten?
- Wie hätte dieser „Aggressionsstau" von Jakob, Josef und den Brüdern vermieden werden können? Besprecht vergleichbare Situationen in der Schule, in der Familie, im Freundeskreis!

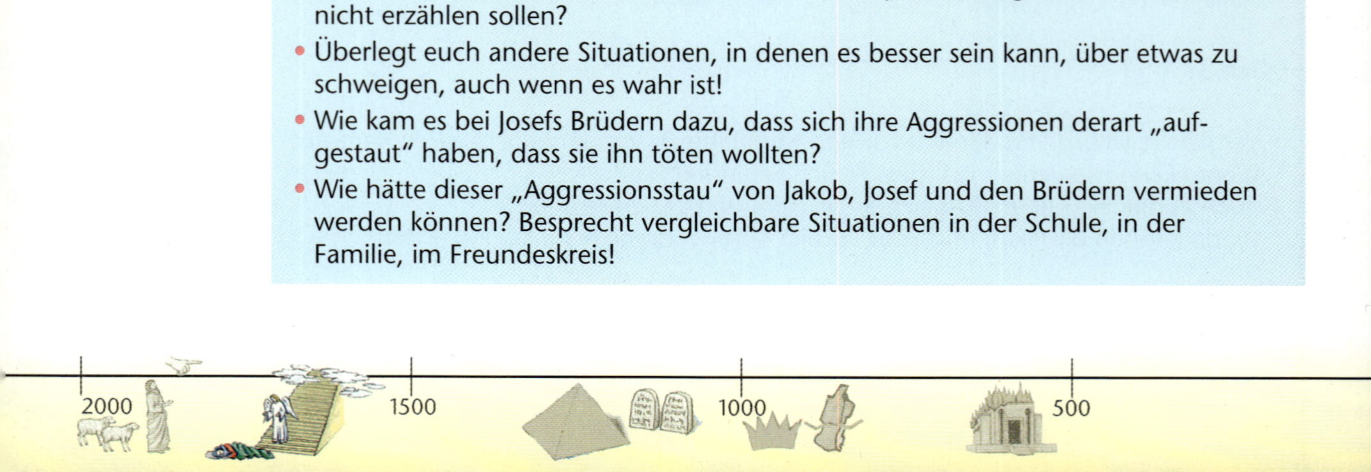

Höhen und Tiefen einer Erzählung gestalten

Eine Erzählung fließt nicht gleichförmig dahin, sie hat Höhen und Tiefen.
Und die Geschichte von Josef und seinen Brüdern ist eine *spannende* Erzählung!
Deshalb könnt ihr versuchen, in einer Kurve darzustellen, wie es Josef ergeht. Am Ende habt ihr dann einen von euch selbst erarbeiteten Überblick über den gesamten Verlauf der Geschichte.
Ganz so einfach, wie es sich anhört, ist das aber nicht! Deshalb einige Hinweise:

1. Reserviert für diesen Überblick eine Doppelseite in eurem Religionsheft!
2. Schreibt als Überschrift z. B. „Die Höhen und Tiefen der Josefsgeschichte"!
3. Jetzt könnte die „Kurvendiskussion" eigentlich schon losgehen. Aber ihr würdet rasch merken: Die einen meinen mit ihrem Höhe- oder Tiefpunkt diesen, andere einen anderen Punkt der Geschichte. Und das führt nur zu unnötiger Verwirrung.

   Deshalb empfiehlt es sich, die einzelnen Stationen eines Abschnitts in Kurzfassung auf Schnipsel einer Folie für den Tageslichtprojektor zu schreiben und mit Zahlen oder Buchstaben zu kennzeichnen.

   Für den ersten Abschnitt der Josefsgeschichte könnten sie etwa so aussehen:

A) Josef ist Jakobs Lieblingssohn.	D) Die Brüder wollen ihn töten.
B) Die Brüder sind eifersüchtig.	E) Sie werfen ihn in eine Zisterne.
C) Josef erzählt seine Träume.	F) Sie verkaufen ihn an eine Karawane.

4. Nun beginnt das Nachdenken: Wie könnte man diese einzelnen Stationen so in einer Kurve anordnen, dass die Höhen und Tiefen im Verlauf des Abschnitts deutlich werden?
   Jeder kann sich darüber alleine Gedanken machen, ihr könnt aber auch mit eurem Banknachbarn oder in Kleingruppen darüber beraten.
5. Wenn ihr die Beratung beendet habt, geht ein Schüler an den Tageslichtprojektor und ordnet die Folienschnipsel darauf so an, wie er bzw. seine Gruppe es für passend hält, und begründet seinen Lösungsvorschlag. Alle anderen sehen das Ergebnis auf der Projektionswand.
6. Jetzt kommt es darauf an: Wenn alle gleich mit dem ersten Vorschlag einverstanden sind, ist dieser Arbeitsschritt abgeschlossen.
   Es kann aber durchaus sein, dass es Gegenentwürfe gibt. Diese werden ebenfalls am Projektor vorgestellt und ihr diskutiert dann, bis ihr euch auf *eine* Kurve geeinigt habt.
7. Die Kurve, die sich in eurer Diskussion als die zutreffendste herausgestellt hat, übertragt ihr jetzt in euer Heft. Damit eine Doppelseite für die ganze Josefsgeschichte, die sich aus insgesamt vier Einzelkurven zusammensetzen wird, ausreicht, habt ihr für jede Einzelkurve ca. 7 cm Platz. Tragt bei den entscheidenden Punkten der Kurve nur die Buchstaben bzw. Zahlen der Folienschnipsel ein und haltet deren Beschriftung unter der Kurve fest!

Auf diese Weise lernt ihr nicht nur den Inhalt der einzelnen Abschnitte intensiv kennen, ihr gestaltet auch gleichzeitig einen einprägsamen Hefteintrag!

Der Sklave

Josef hatte man nach Ägypten gebracht. Ein Hofbeamter des Pharao, ein Ägypter namens Potifar, hatte ihn gekauft. (nach Gen 39,1)

Potifar sah, dass der Herr mit Josef war und dass der Herr alles, was er unternahm, gelingen ließ ... Er bestellte ihn zum Verwalter seines Hauses und vertraute ihm alles an, was er besaß. (nach Gen 39,3-4)

?!

- Josef war als Sklave „ganz unten". Wie kam es dazu, dass er trotzdem Karriere machte und Potifar ihm alles anvertraute?
- Doch Josefs Glück währte nicht lange. Ordnet die folgenden Textstellen den auf dem Bild dargestellten Szenen zu!

Meister der Josephslegende: Joseph und Potiphars Frau
Rundbild auf Eichenholz (um 1500)

Nach einiger Zeit warf die Frau seines Herrn ihren Blick auf Josef und sagte: „Schlaf mit mir!" Er weigerte sich und entgegnete: „Du siehst doch, mein Herr hat mir alles, was ihm gehört, anvertraut. Wie könnte ich da ein so großes Unrecht begehen und gegen Gott sündigen?" (nach Gen 39,7-9)

„Der hebräische Sklave, den du uns gebracht hast, ist zu mir gekommen, um mit mir zu schlafen. Als ich laut aufschrie, ließ er sein Gewand bei mir liegen und lief hinaus." (nach Gen 39,17-18)

Als Potifar hörte, was ihm seine Frau erzählte, packte ihn der Zorn. Er ließ Josef ergreifen und ihn in den Kerker bringen ...
(nach Gen 39,19-20)

?!

- Stellt die Höhen und Tiefen dieses Abschnitts in einer Kurve dar und führt damit anschließend die Hoch-Tief-Kurve der ganzen Josefsgeschichte weiter!
- Vor welcher schwierigen Entscheidung stand Josef, als ihn seine Herrin verführen wollte?
- Überlegt auch an anderen Beispielen: Soll man sich auch dann noch gegen Schlechtes entscheiden, wenn man von dieser Entscheidung Nachteile befürchten muss?

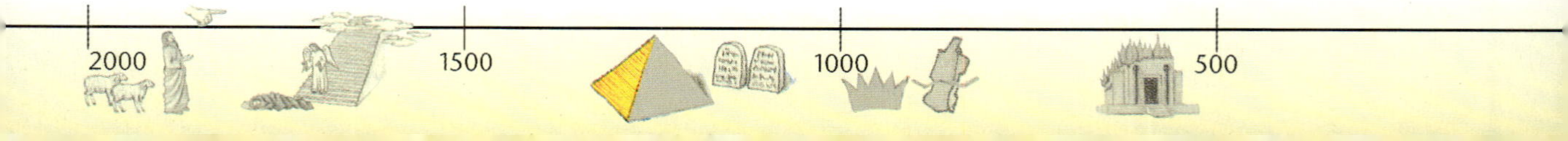

Schließt jede Tür vor mir,
nehmt all die Welt von mir.
Gitter am Fenster, so fern ist das Licht.
Tut was ihr wollt mit mir,
hasst mich und spottet mir,
Tag und Nacht schlagt mich,
es kümmert mich nicht.

Wenn mein Leben so wichtig wär,
würd' ich fragen, kommt noch mehr?
Die Antwort, sie wiegt erst schwer nach
dieser Welt.

Schließt jede Tür vor mir,
nehmt, die ich lieb, von mir.
Wir Kinder Israels sind niemals allein.
Tief in mir brennt ein Licht.
Gibt es Frieden für mich?
Denn mir ward verheißen,
ein Land wird einst mein.

Schließt jede Tür vor mir,
nehmt all die Welt von mir,
Gitter am Fenster, so fern ist das Licht.

Anstatt meines Namens gebt mir eine Zahl.
Vergesst mich und lasst mich vergehen in
der Qual.
Ich bin nicht wichtig, ich bin nur ein Mensch.
Zerreißt meine Seele, zerstört mich total.

Wenn mein Leben so wichtig wär,
würd' ich fragen, kommt noch mehr?
Die Antwort, sie wiegt erst schwer nach
dieser Welt.

Schließt jede Tür vor mir,
nehmt, die ich lieb, von mir.
Wir Kinder Israels sind niemals allein.
Darauf können wir bau'n,
unserer Zukunft vertrau'n,
denn uns ward verheißen
ein Land, so wird's sein.

(Gefängnislied des Josef aus dem Musical „Joseph" von Andrew Lloyd Webber; Übersetzung von Heinz Rudolf Kunze. © Edition Really Useful Group Germany Für D/A/CH: Universal Music Publ. GmbH, Berlin)

?!

- Versucht die gelb gedruckten Textstellen zu deuten! Denkt dabei auch an das Versprechen, das Gott dem Abraham gab!
- Das Gefängnislied zeigt Josef in einem Wechselbad der Gefühle. Wie sind diese Schwankungen erklärbar?
- Begründet, ob eurer Meinung nach Josef ein Vorbild sein kann, wenn man selbst am Boden zerstört ist!

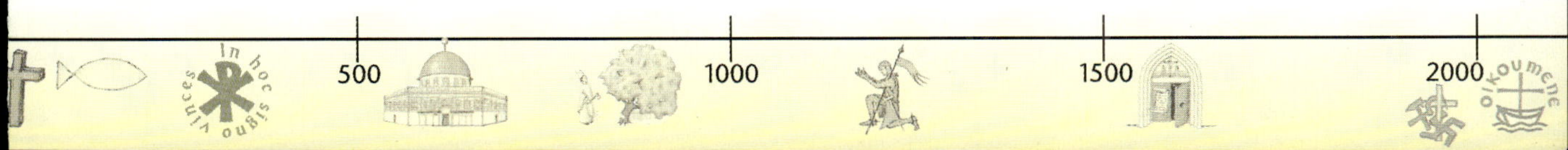

Der Traumdeuter

Aber der Herr war mit Josef. Er wandte ihm das Wohlwollen des Gefängnisleiters zu. Dieser vertraute Josef alle Gefangenen im Kerker an. (nach Gen 39,21-22)

Einige Zeit später vergingen sich der königliche Mundschenk und der Hofbäcker gegen ihren Herrn, den König von Ägypten. Der Pharao war aufgebracht über sie und gab sie in Haft ... in den Kerker, wo Josef gefangen gehalten wurde. (Gen 40,1-3)

Als sie einige Zeit in Haft waren, hatte jeder von ihnen einen Traum. (Gen 40,4-5)

„Wir hatten einen Traum, aber es ist keiner da, der ihn auslegen kann."
Josef sagte zu ihnen: „Ist nicht das Träumedeuten Sache Gottes? Erzählt mir doch!" (Gen 40,8)

Josef bittet: „Doch denk an mich, wenn es dir gut geht. Tu mir dann einen Gefallen: Erzähl dem Pharao von mir und hol mich hier heraus!" (Gen 40,14)

Alles geschah, wie es Josef ihnen gedeutet hatte. Der Obermundschenk aber dachte nicht mehr an Josef und vergaß ihn. (Gen 40,22-23)

?!

- Erzählt mit Hilfe der beiden Bilder die Träume des Mundschenks und des Hofbäckers! Wie hat Josef sie gedeutet?
- Josef musste noch zwei Jahre unschuldig im Kerker zubringen, weil der Mundschenk nicht mehr an ihn dachte. Was mag Josef während dieser langen Zeit durch den Kopf gegangen sein?
- Kennst du auch solche Durststrecken – bei anderen oder bei dir selbst? Wie kann man damit umgehen?

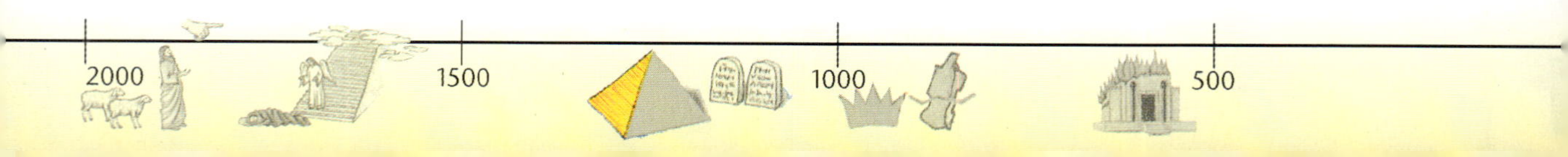

Zwei Jahre später hatte der Pharao einen Traum. (Gen 41,1)

Kein Wahrsager und Weiser konnte Pharaos Träume deuten.
Der Obermundschenk erzählte ihm von Josef.
Da schickte der Pharao einen Boten und ließ Josef rufen.
Josef sagte zum Pharao: „Der Traum des Pharao ist ein und derselbe.
Gott sagt dem Pharao, was er vorhat."
Josef deutete den Traum. (nach Gen 41,8-36)

„Nachdem dich Gott all das hat wissen lassen, gibt es niemand, der so klug und weise wäre wie du. Du sollst über meinem Haus stehen und deinem Wort soll sich mein ganzes Volk beugen." (Gen 41,39-40)

Als die Hungersnot über das ganze Land gekommen war, öffnete Josef alle Speicher und verkaufte Getreide an die Ägypter … Auch alle Welt kam nach Ägypten, um bei Josef Getreide zu kaufen. (Gen 41,56-57)

- Stellt auch die Höhen und Tiefen dieses langen Abschnitts in einer Kurve dar!
- Wenn ihr eure bisher gezeichneten Kurven betrachtet, müsste jetzt der Höhepunkt erreicht sein:
  Josef hat große Macht, ist sehr reich, hat aus seiner Ehe mit einer vornehmen Ägypterin zwei Söhne und kann für die Menschen Gutes tun.
  Warum schließt die Erzählung nicht mit diesem „Happyend"?
  Was fehlt Josef noch zum wirklichen Glück?
- Was macht deiner Ansicht nach ein glückliches Leben aus?

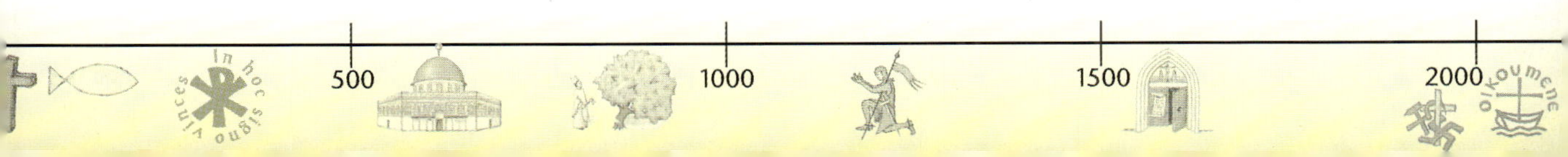

Die Prüfung

Jakob sagte: „Ich habe gehört, dass es in Ägypten Getreide zu kaufen gibt. Zieht hin und kauft dort für uns Getreide, damit wir am Leben bleiben."
Benjamin, den Bruder Josefs, ließ Jakob nicht mit seinen Brüdern ziehen, denn er dachte, es könnte ihm ein Unglück zustoßen. (Gen 42,2-4)

So kamen Josefs Brüder und warfen sich vor ihm mit dem Gesicht zur Erde nieder. Als Josef seine Brüder sah, erkannte er sie. Aber er gab sich ihnen nicht zu erkennen ... (Gen 42,7)

Josef entgegnete: „Spione seid ihr! So wird man euch auf die Probe stellen. Ihr sollt von hier nicht eher loskommen, bis auch euer jüngster Bruder da ist." (Gen 42,14-15)

Sie sagten zueinander: „Ach ja, wir sind an unserem Bruder schuldig geworden. Wir haben zugesehen, wie er sich um sein Leben ängstigte. Als er uns um Erbarmen anflehte, haben wir nicht auf ihn gehört. Darum ist nun diese Bedrängnis über uns gekommen." (Gen 42,21)

Das Getreide, das sie aus Ägypten gebracht hatten, war aufgezehrt ...
Juda schlug seinem Vater Israel vor: „Lass den Knaben mit mir ziehen! Dann können wir aufbrechen und uns auf die Reise machen. So werden wir am Leben bleiben und nicht sterben ... Ich verbürge mich für ihn." (Gen 43,2.8-9)

Dann befahl Josef seinem Hausverwalter: „Fülle die Getreidesäcke der Männer mit so viel Brotgetreide, wie sie tragen können, und leg das Geld eines jeden oben in den Sack! Meinen Becher, den Silberbecher, leg oben in den Sack des Jüngsten!" (Gen 44,1-2)

„Bei wem sich der Becher findet, der sei mein Sklave, doch ihr anderen sollt straffrei bleiben." Der Becher fand sich in Benjamins Sack. Da zerrissen sie ihre Kleider und kehrten in die Stadt zurück. (Gen 44,10-13)

Juda sagte zu Josef: „Wenn ich jetzt zu meinem Vater käme, und der Knabe wäre nicht bei uns, da doch sein Herz so an ihm hängt, würde er sterben. Darum will jetzt ich an Stelle des Knaben dableiben als Sklave; der Knabe aber soll mit seinen Brüdern ziehen dürfen. Denn wie könnte ich zu meinem Vater hinaufziehen, ohne dass der Knabe bei mir wäre? Ich könnte das Unglück nicht mit ansehen, das dann meinen Vater träfe." (Gen 44,30.33-34)

Josef vermochte sich vor allen den Leuten, die um ihn standen, nicht mehr zu halten und rief: „Schafft mir alle Leute hinaus!" So stand niemand bei Josef, als er sich seinen Brüdern zu erkennen gab.
Er sagte: „Ich bin Josef, euer Bruder, den ihr nach Ägypten verkauft habt. Jetzt aber lasst es euch nicht mehr leid sein ... Denn um Leben zu erhalten, hat mich Gott vor euch hergeschickt ..." (Gen 45,1-5)

Charles Thévenin: Joseph und seine Brüder. Ölgemälde (1789)

?!

- Stellt auch die Höhen und Tiefen dieses langen letzten Abschnitts in einer Kurve dar und vervollständigt damit die Hoch-Tief-Kurve der ganzen Josefsgeschichte!
- Zum Verständnis dieses Abschnitts kann euch die Beschäftigung mit folgenden Fragen helfen:
  Warum erkennt Josef seine Brüder, sie ihn aber nicht?
  Was will Josef durch die Prüfung der Brüder herausfinden?
  Welche besondere Rolle spielt Benjamin dabei? Warum lässt Josef ausgerechnet bei ihm seinen Silberbecher verstecken?
  Warum rächt sich Josef nicht? Wie versteht er die Tat seiner Brüder mittlerweile?
- Anders als in den Erzählungen von Abraham und Jakob greift Gott in der Josefsgeschichte nirgends direkt in das Geschehen ein. Man könnte die Geschichte einfach als eine wunderbare Erzählung lesen. Aber was macht diese Geschichte zu einer Glaubensgeschichte?
  Wie würdet ihr die Erfahrung Josefs mit Gott beschreiben?
  Welche Erfahrungen Josefs sind für uns wichtig?
  Vielleicht hilft euch folgender Spruch weiter:
  „Der Herr lenkt die Schritte eines jeden.
  Wie könnte der Mensch seinen Weg verstehen?" (Spr 20,24)

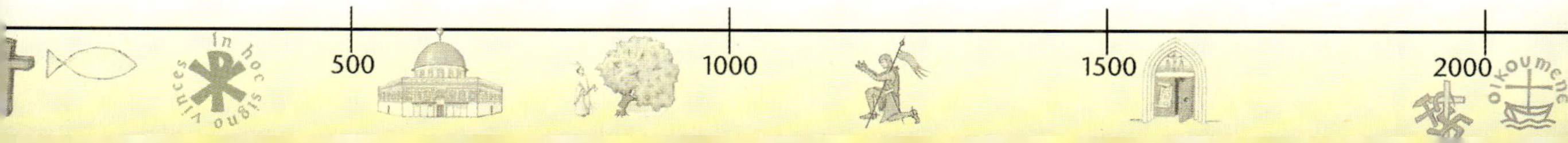

Mehrere Jahrhunderte nach Abraham, Jakob und Josef, im Jahr 586 v. Chr., ist in Jerusalem etwas Furchtbares geschehen:

Heiß brennt die Sonne auf den Platz vor der zerstörten Stadtmauer. Tausende von Menschen sitzen trostlos im Staub. In Bündel haben sie das Wenige gepackt, das sie mitnehmen dürfen.

„Vor einigen Monaten war hier alles noch friedlich, die Kinder haben auf den Straßen gespielt …", erinnert sich Mirjam, eine junge Frau, wehmütig. „Doch dann sind die Babylonier gekommen und haben uns so lange belagert, bis wir zu schwach waren, um weiter Widerstand zu leisten. Und jetzt: Der Tempel, der Königspalast, die Häuser, die Stadtmauer – ganz Jerusalem zerstört! Ach Gott …"

„Hör doch auf mit Gott!", fällt ihr der Zimmermann Ahab ins Wort, der neben ihr sitzt. ‚Das ganze Land, das du siehst, will ich dir und deinen Nachkommen geben', hat er Abraham versprochen. Und wie sieht's jetzt aus mit uns Nachkommen? Man schleppt uns weg aus unserem Land, weit, weit fort, nach Babylon! Als Sklaven werden wir dort leben! Wenn Gott so zu seinen Verheißungen steht, dann …"

„Ich glaube, du machst es dir da zu einfach", unterbricht ihn der Schreiber Josua. „Sicher, es ist furchtbar, was jetzt mit uns passiert. Aber gerade weil ich auch, so wie du, an die Geschichten über unsere Stammväter denke, glaube ich, dass das hier nicht das Ende ist."

„Wie kommst du denn darauf?", ruft Ahab. „Es ist aus und vorbei. Unser Land ist für immer verloren. Außerdem verstehe ich gar nicht, warum die alten Geschichten dich zuversichtlich stimmen. In denen gibt es doch gar keine Gemeinsamkeiten mit unserer Lage, kein zerstörtes Jerusalem, keine Verbannung."

„So direkt natürlich nicht", sagt Mirjam, die nachdenklich geworden ist. „Aber hat nicht auch Jakob zwanzig Jahre in der Fremde leben müssen und ist dann doch wieder in seine Heimat zurückgekehrt? Und Josef hat man nach Ägypten verschleppt … Ich glaube, so langsam verstehe ich, was du meinst, Josua."

„Ja", antwortet der, „genau daran habe ich gedacht. Du zweifelst jetzt an Gott, Ahab, und ich verstehe dich gut. Auch ich habe ja alles verloren. Gott geht manchmal Wege mit uns, die für uns völlig unverständlich sind. Er ist dann furchtbar fern und dunkel. Aber wie oft haben wohl Abraham, Jakob und Josef in ihrem Leben an Gott gezweifelt? Was muss für sie alles dunkel und unverständlich gewesen sein! Und doch hat sich am Ende herausgestellt, dass die scheinbaren Irrwege zu einem guten Ziel geführt haben."

„Wenn ich euch so zuhöre", sagt Ahab leise, „wie ihr über die Väter sprecht, bekomme ich auch wieder etwas Mut. Vielleicht hat ja sogar dieses Elend hier irgendeinen Sinn…"

?!

- Fasse zusammen, welche Gemeinsamkeiten Mirjam und Josua trotz aller äußeren Umstände zwischen ihrer Situation und den Vätergeschichten erkennen!
- Erkläre mit eigenen Worten, warum man die Bibel als „Erinnerungs- und Hoffnungsbuch" bezeichnet!

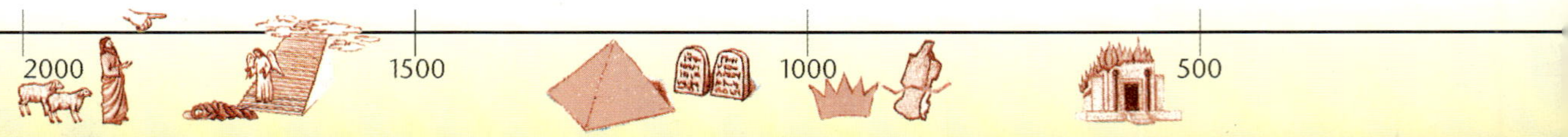

Die ältesten Teile der Bibel wurden vermutlich um das 9. Jh. v. Chr. aufgeschrieben, also vor etwa 3000 Jahren! Aber das ist nur der Beginn der **schriftlichen** Aufzeichnung – die eigentlichen Anfänge gehen in eine Zeit zurück, in der man die Buchstabenschrift noch gar nicht kannte.

Natürlich wollten die Menschen auch damals alles, was sie für wichtig hielten, weitergeben. Deshalb überlieferten sie Regeln und Gesetze, Lieder, Gebete und Geschichten den kommenden Generationen mündlich.

Menschen, die ohne Schrift auskommen müssen, entwickeln eine erstaunliche Gedächtniskraft. Das gilt nicht nur für begabte Sänger und Geschichtenerzähler, sondern auch für ihre Zuhörer. In der schriftlosen Zeit achteten die Zuhörer genau darauf, dass die Überlieferungen nicht verändert und verfälscht wurden.

Ihre Erfahrungen mit Gott erzählten die Menschen in Israel immer wieder, z. B. im Nomadenzelt, später im israelitischen Bauernhof oder in der Stadt. Sie zeigten: Gott ist nicht irgendwo in der Ferne. Er begegnet den Menschen mitten im Leben, auch in solchen Katastrophen wie der Zerstörung Jerusalems. Und aus diesen Geschichten durfte man Hoffnung schöpfen: So wie er unsere Väter geführt hat, so wird er auch bei uns sein!

Nachdem die Stämme Israels unter den Königen David und Salomo zu einem Volk geworden waren, begannen Gelehrte und Priester die mündlichen Überlieferungen zu sammeln und aufzuschreiben. In den folgenden Jahrhunderten kamen noch viele neue Texte von Geschichtsschreibern, Propheten, Dichtern und Weisheitslehrern hinzu. So entstand die Büchersammlung des **Alten Testaments.**

Auch am Anfang des **Neuen Testaments** stand die mündliche Überlieferung. Worte und Taten Jesu wurden zunächst einfach weitererzählt, bis dann zwischen 50 und 120 n. Chr. die Bücher des **Neuen Testaments** niedergeschrieben wurden.

- Seltsam: Ein Buch hat doch keine Wurzeln! Oder etwa doch?

Im Gottesdienst sagt der Lektor nach der Lesung aus der Bibel: „Wort des lebendigen Gottes".

Wenn manche biblischen Erzählungen aber über einen so langen Zeitraum hinweg erst mündlich überliefert und dann nach und nach aufgeschrieben wurden, und wenn so viele verschiedene Erzähler und Schreiber daran beteiligt waren – kann man sie dann noch als „Wort Gottes" bezeichnen?
Sicher nicht in dem Sinn, dass Gott die Bibel Wort für Wort diktiert hat. Er hat die Menschen ihre eigenen Worte finden lassen. Aber ohne Gott hätten die Menschen ja keine Erfahrungen mit ihm machen können – und erst durch diese Erfahrungen wurden die Menschen in ihrem Denken und Sprechen angeregt. Die Initiative ging also von Gott aus. Deshalb kann man sagen: Die Bibel enthält **Gottes Wort in Menschenwort.** Und weil Gott sich in diesen Erfahrungen uns Menschen zeigt und öffnet, nennt man die Bibel auch die **Offenbarung Gottes.**

- Erkläre mit eigenen Worten: Die Bibel ist Gotteswort in Menschenwort, die Bibel ist Offenbarung Gottes!

?!

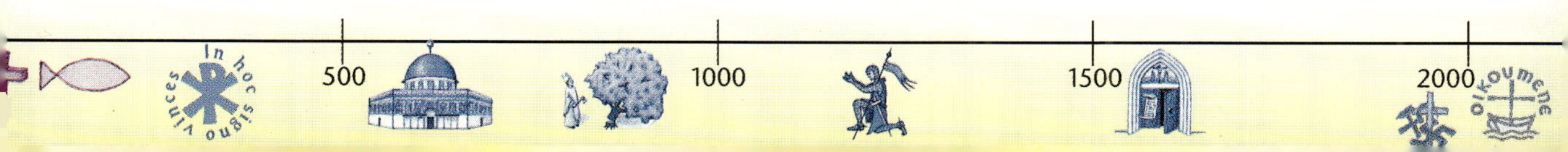

Abraham, Jakob und Josef haben ganz unterschiedliche Erfahrungen mit Gott gemacht: Manchmal war er ihnen nah und hat ihnen geholfen, manchmal erschien er ihnen auch ganz anders, fern und bedrohlich; lange Zeit konnte dann vergehen, bis sich schließlich doch zeigte, dass Gott sie auf völlig unerwarteten Wegen zum Ziel führte.

Solche Erfahrungen lassen sich mit Worten eigentlich gar nicht richtig ausdrücken. Man spürt einfach: Jetzt ist Gott im Spiel. Je nach Zeit und Situation hat man immer wieder neu und anders zu formulieren versucht, hat man unterschiedliche Sprachformen gewählt: Sagen bei Abraham und Jakob, einen kleinen Roman für die Geschichte Josefs, aber auch Gebete, Sprichwörter, Gleichnisse und vieles mehr. Manchmal hat man auch das, was man als Botschaft Gottes erkannt hat, direkt als Rede Gottes formuliert.

Einige Beispiele für diese verschiedenen Versuche, Erfahrungen mit Gott auszudrücken:

Im Anfang schuf Gott Himmel und Erde …
Dann sprach Gott: Das Wasser unterhalb des Himmels sammle sich an einem Ort, damit das Trockene sichtbar werde. So geschah es. Das Trockene nannte Gott Land und das angesammelte Wasser nannte er Meer. Gott sah, dass es gut war. (Gen 1,1.9-10)

Als Israel jung war, gewann ich ihn lieb,
ich rief meinen Sohn aus Ägypten.
Ich war es, der Efraim gehen lehrte,
ich nahm ihn auf meine Arme.
Sie aber (die Israeliten) haben nicht erkannt,
dass ich sie heilen wollte.
Mit menschlichen Fesseln zog ich sie
an mich, mit den Ketten der Liebe.
Ich war da für sie wie die Eltern,
die den Säugling an ihre Wangen heben.
Ich neigte mich ihm zu und gab ihm zu essen. (Hos 11,3.3-4)

Mein Gott, mein Gott, warum hast du mich verlassen,
bist fern meinem Schreien, den Worten meiner Klage?
Mein Gott, ich rufe bei Tag, doch du gibst keine Antwort;
ich rufe bei Nacht und finde doch keine Ruhe …
Du, meine Stärke, eil mir zu Hilfe! …
Rette mich vor dem Rachen des Löwen,
vor den Hörnern der Büffel rette mich Armen!
(Ps 22,2-3.20.22)

***Des Menschen Herz plant seinen Weg,
doch der Herr lenkt seinen Schritt.*** (Spr 16,9)

Elija stand auf, aß und trank und wanderte vierzig Tage und vierzig Nächte bis zum Gottesberg Horeb. Dort ging er in eine Höhle, um darin zu übernachten. Doch das Wort des Herrn erging an ihn: „Was willst du hier, Elija?" Er sagte: „Mit leidenschaftlichem Eifer bin ich für den Herrn, den Gott der Heere, eingetreten, weil die Israeliten deinen Bund verlassen, deine Altäre zerstört und deine Propheten mit dem Schwert getötet haben. Ich allein bin übrig geblieben und nun trachten sie auch mir nach dem Leben."
Der Herr antwortete: „Komm heraus und stell dich auf den Berg vor den Herrn!"
Da zog der Herr vorüber: Ein starker, heftiger Sturm, der die Berge zerriss und die Felsen zerbrach, ging dem Herrn voraus. Doch der Herr war nicht im Sturm.
Nach dem Sturm kam eine Erdbeben. Doch der Herr war nicht im Erdbeben.
Nach dem Beben kam ein Feuer. Doch der Herr war nicht im Feuer. Nach dem Feuer kam ein sanftes, leises Säuseln. Als Elija es hörte, hüllte er sein Gesicht in den Mantel, trat hinaus und stellte sich an den Eingang der Höhle. (1 Kön 19,8-13)

Was meint ihr? Wenn jemand hundert Schafe hat und eines von ihnen sich verirrt, lässt er dann nicht die neunundneunzig auf den Bergen zurück und sucht das verirrte? Und wenn er es findet – amen, ich sage euch: er freut sich über dieses eine mehr als über die neunundneunzig, die sich nicht verirrt haben. So will auch euer himmlischer Vater nicht, dass einer von diesen Kleinen verloren geht.
(Mt 18,12-14)

Liebe Brüder,
wir wollen einander lieben; denn die Liebe ist aus Gott und jeder, der liebt, stammt von Gott und erkennt Gott. Wer nicht liebt, hat Gott nicht erkannt; denn Gott ist die Liebe.
(1 Joh 4,7-8)

?!

- Versuche mit eigenen Worten zu formulieren, welche Gotteserfahrung in den einzelnen Texten zum Ausdruck gebracht wird!
- Erinnere dich an die verschiedenen Gotteserfahrungen von Abraham, Jakob und Josef!
  In welchen Situationen könnte einer von ihnen einen der Texte gesprochen haben (z. B. Jakob am Abend vor dem Traum mit der Himmelsleiter, Josef nach der Versöhnung mit seinen Brüdern)?
- Denke darüber nach, wie du Gott bisher schon erfahren hast!
  Schreibe selbst darüber ein Gebet, eine Erzählung, einen Brief oder vielleicht sogar ein Gleichnis!

Diese unterschiedlichen Texte stehen nicht in nur einem Buch, das von nur einem Autor verfasst wurde. Vielmehr besteht die Bibel aus **73 Büchern.** Nach heutigem Verständnis ist die Bezeichnung „Buch" in manchen Fällen freilich irreführend: Das kürzeste „Buch", der Brief an Philemon, umfasst gerade einmal eine knappe Seite.

An den Schriften dieser „Bibel-Bibliothek" haben **viele Verfasser** mitgeschrieben. Wenn wir von etlichen nicht einmal den Namen kennen, so liegt das daran, dass es keinem um seine eigene Person ging, sondern dass immer die Botschaft von Gott die Hauptsache war.

Das Wort **Bibel** kommt ursprünglich von der Hafenstadt Byblos in Syrien, von wo die Griechen das Schreibmaterial Papyrus (s. S. 82) einführten. Seit dem 5. Jh. n. Chr. bezeichnete man mit dem Plural *ta biblia* (die Bücher) die heiligen Schriften des Christentums.

Die Bibel umfasst die **46** Schriften des **Alten Testaments (AT)** und die **27** des **Neuen Testaments (NT).** Das lateinische Wort *testamentum* bedeutet soviel wie „Verfügung, Vertrag, Bund". Altes Testament meint also den Bund Gottes mit Israel, Neues Testament den von Jesus mit seinem Kreuzestod besiegelten neuen Bund, der allen Menschen offen steht. Das Neue Testament, das nur für uns Christen heilige Schrift ist, ist mit dem Alten Testament, der heiligen Schrift der jüdischen Religion, ganz eng verbunden und kann ohne diese „hebräische" oder „jüdische Bibel" nicht verstanden werden.

Beide Hauptteile der Bibel lassen sich in jeweils drei Gruppen einteilen:

AT: Geschichtliche Bücher – Gebete und Weisheitsbücher – Prophetische Bücher

NT: Evangelien und Apostelgeschichte – Briefe – Offenbarung

?!

- Ordne die Bücher auf dem Stapel richtig in das „Bibel-Regal" ein!

Sich in der Bibel zurechtfinden

1. Wie du an den bisherigen Angaben von Bibelstellen gesehen hast, werden die teilweise recht langen Namen der biblischen Bücher mit wenigen Buchstaben abgekürzt. Wenn du den vollen Namen eines Buches herausfinden willst, dann suche am Beginn des **Anhangs** die Überschrift „Namen und Abkürzungen der biblischen Bücher"!
   Wie lautet der volle Name zu Gen, Ri, Mk, Apg, Phlm, Offb? *Warum steht manchmal vor dem abgekürzten Buchnamen eine Zahl? Sieh nach bei* 2 Kön, 1 Kor, 3 Joh!

2. Wenn du den vollen Namen gefunden hast, kannst du über das **Inhaltsverzeichnis** (ganz am Anfang oder am Ende deiner Bibel) die Seite finden, auf der das gesuchte Buch beginnt.
   Suche den Anfang von Ex, Spr, Joh, Röm, 1 Petr!

3. Meistens will man aber nur einen bestimmten Abschnitt lesen. Damit man nun nicht ein ganzes Buch durchlesen muss, um ihn zu finden, hat man im Mittelalter die biblischen Bücher in Kapitel eingeteilt. Die Angabe des Kapitels steht hinter dem abgekürzten Buchtitel. Im Text sind die Kapitel als groß gedruckte Zahlen hervorgehoben.
   Worum geht es in Mt 2; 1 Sam 17; Ex 12; 1 Kor 13?

4. Um Bibelstellen noch genauer angeben zu können, hat der Pariser Buchdrucker Robert Stephanus 1551 die einzelnen **Kapitel** noch einmal in **Verse** unterteilt. Seither werden diese Verse als kleine Zahlen zwischen den Sätzen abgedruckt. Die Versnummer steht, durch ein Komma abgetrennt, hinter der Kapitelzahl.
   Jetzt kannst du zügig herausfinden, was in folgenden Bibelstellen steht: Ps 22,2-3; Mt 18,12-14; 1 Kön 19,8-13; Hos 11,3-4.

5. Moderne Bibelausgaben bieten den Lesern aber noch mehr. So findest du im **Anhang** unter der Überschrift „Maße, Gewichte und Münzen" Angaben, die für das Verständnis hilfreich sind.
   1 Kön 6,2: *Welche Ausmaße hatte der Tempel Salomos? Rechne in Meter um!*
   1 Sam 17,7: *Wie schwer soll Goliats Speerspitze gewesen sein? Wie viele Kilogramm wären das?*

6. Am unteren Ende vieler Bibelseiten findest du klein gedruckte **Anmerkungen** zu einzelnen Versen.
   Lies zunächst Mk 2,13-17!
   Weißt du, warum Zöllner und Sünder gleichgesetzt wurden, wer Pharisäer waren und warum sie sich hier so aufregen? Lies nun die Anmerkung zu Mk 2,16!

7. Als Test versucht jeder, seinem Banknachbarn eine Bibelstelle korrekt anzugeben (der Fachausdruck lautet „zitieren")! Sucht euch eine bestimmte Stelle aus der Bibel, schreibt den abgekürzten Namen des Buches, das Kapitel und die Verse auf und prüft, ob der andere sie richtig findet! Wenn nicht – wo lag der Fehler? Fortgeschrittene stellen Fragen, zu denen die Antworten im Anhang oder in den Anmerkungen zu finden sind!
   Ihr könnt auch mit der ganzen Klasse eine **„Bibelstellen-Ralley"** durchführen: Schüler der einen Klassenhälfte stellen eine Frage zu einer Bibelstelle, welche die Schüler der anderen Hälfte innerhalb einer Minute richtig beantworten müssen. Schaffen sie das, wechselt das Fragerecht, wenn nicht, darf die erste Hälfte weiter fragen. Wer am Schluss die meisten Fragen gestellt hat, ist Sieger.

Wie die Bibel überliefert wurde

Ein sensationeller Fund

Der 15-jährige Muhamed-ahd-Dhil hütete im jüdischen Bergland nahe bei Wadi Qumran, 12 km südlich von Jericho, im Jahr 1947 eine Ziegenherde. Als ihm eine Ziege entlaufen war, machte er sich auf die Suche und streifte durch das Gebiet, in dem es viele Höhlen und Felsspalten gibt. Mehr aus Langeweile warf er da und dort Steine hinein. Bei einer Höhlenspalte aber passierte etwas Ungewöhnliches!
Es gab ein Geräusch, wie wenn ein Tongefäß zu Bruch geht. Jetzt war der Junge neugierig geworden. Er untersuchte die Höhle – fand aber zu seiner Enttäuschung keinen Schatz, sondern nur halbmeterhohe Tonkrüge, in denen uralte Schriftrollen lagen. Ohne es zu ahnen, hatte er wertvolle Handschriften aus der Zeit um 200 v. Chr. bis 66 n. Chr. gefunden, die zur Bibliothek der Essener, einer frommen Gemeinschaft, gehörten.

In einem atombombensicheren Haus in Jerusalem, das in der Form einem Tonkrugdeckel gleicht, werden diese Schriften vom Staat Israel aufbewahrt. Denn sie zählen zu den wichtigsten Funden für die Bibelauslegung.
Die Originalhandschriften des Alten Testaments sind nämlich nicht erhalten geblieben, weil das benutzte Schreibmaterial (s. S. 82) so viele Jahrhunderte nicht überdauert hat. Aber es wurden immer wieder mit großer Ehrfurcht neue Abschriften angefertigt, z. B. für den jüdischen Gottesdienst und das Studium der heiligen Schriften.
Die ältesten Abschriften haben wir heute in den Funden von Qumran.
Beim Vergleich dieser Schriftrollen mit solchen aus jüngerer Zeit hat sich deutlich gezeigt, mit welch großer Sorgfalt die Bibelhandschriften abgeschrieben wurden.

Schrein des Buches in Jerusalem

?! • Welchen Zusammenhang seht ihr zwischen den Tonkrügen, in denen die Schriftrollen früher aufbewahrt wurden, und dem heutigen atombombensicheren Haus?

Die Sprachen der Bibel

Das Alte Testament nennt man manchmal auch „Hebräische Bibel“, weil fast alle seine Bücher in dieser Sprache geschrieben wurden. Hebräisch wirkt auf uns in mancher Hinsicht sehr befremdlich:

בְּרֵאשִׁית בָּרָא אֱלֹהִים אֵת הַשָּׁמַיִם וְאֵת הָאָרֶץ׃ וְהָאָרֶץ

Ursprünglich gab es nur Konsonanten, die Vokale musste man sich aus dem Zusammenhang ergänzen.
Was kann dann z. B. SGN oder LST alles bedeuten?
Erst ab 600 n. Chr. hat man auch für die Vokale eigene Zeichen festgelegt.
Es sind die kleinen Punkte und Striche über und unter den großen Konsonantenbuchstaben.

Man unterscheidet nicht zwischen Groß- und Kleinschreibung.
Was kann dann z. B. SND bedeuten?

Man schreibt von rechts nach links.
Kannst du den folgenden Satz entziffern?
DR DN LMMH TTG FHCS GNFN M

Versuche selbst einen Satz aus der Bibel nach den Regeln der hebräischen Schrift zu schreiben!

1 Ἐν ἀρχῇ ἦν ὁ λόγος, καὶ ὁ λόγος ἦν πρὸς τὸν θεόν,
καὶ θεὸς ἦν ὁ λόγος. **2** οὗτος ἦν ἐν ἀρχῇ πρὸς τὸν θεόν.

Einige Schriften des Alten Testaments und das ganze Neue Testament wurden in der „Weltsprache“ der damaligen Zeit verfasst: Griechisch.
Die griechische Sprache ist uns viel vertrauter als die hebräische:

Es wird wie bei uns von links nach rechts geschrieben.

Es gibt Konsonanten und Vokale, große und kleine Buchstaben.
Viele der griechischen Buchstaben sind über das Lateinische in unser Alphabet gelangt (dieses Wort kommt übrigens von den ersten beiden Buchstaben in der griechischen Reihenfolge, dem Alpha und dem Beta).
Deshalb kannst du vielleicht den Satz, der zu Beginn dieses Kastens steht, einigermaßen entziffern.

- Schlage bei Joh 1,1-2 nach und lies, was du auf Griechisch entziffert hast!

Da die Schriften des Neuen Testaments wegen der schnellen Ausbreitung des Christentums sehr oft abgeschrieben wurden, ist kein Buch der antiken Welt durch frühe Abschriften so gut bezeugt wie dieser Teil der Bibel. Wegen dieser großen Zahl der alten Textzeugnisse und der gründlichen Erforschung der Textüberlieferung kann man davon ausgehen, dass wir den griechischen Text des Neuen Testaments auch heute noch ziemlich genau so lesen wie die Christen des 2. Jh. n. Chr.

Von der Papyrusrolle bis zur Bibel im Internet

Seit der Erfindung des Buchdrucks durch Johannes Gutenberg – er druckte 1454-1456 mit seiner neuen Erfindung als Erstes eine Bibel – ist es durch viele technische Neuerungen immer einfacher geworden, Texte zu schreiben und zu vervielfältigen.
Davor kostete es viel Zeit und große Mühe, ein so umfangreiches Buch wie die Bibel abzuschreiben.

Papyrusstauden

Das Mark der schilfartigen Papyrusstaude (links) schnitt man in dünne Streifen, legte sie kreuzweise übereinander (unten), leimte, presste und glättete sie. Wenn alles getrocknet war, konnten die Blätter mit einem Pinsel beschrieben und zu einer Schriftrolle aneinandergeklebt werden, die bis zu 10 m lang sein konnte.
Anfang und Ende befestigte man an Stäben und wickelte sie beim Lesen ab. Unten links siehst du eine Papyrusrolle, die in Qumran gefunden wurde und den Text von Jesaja enthält.

Zeichnung eines Papyrusblattes

Jesaja-Rolle (Qumran)

Pergament ist speziell präpariertes Leder. Es wurde vor allem in Pergamon (heutige Türkei) hergestellt. Anders als Papyrus kann es beidseitig beschrieben werden und ist haltbarer.
Legte man Pergament- oder auch Papyrusblätter übereinander, faltete sie, nähte sie in der Mitte zusammen und legte sie zwischen zwei feste Deckel, so erhielt man einen Codex. Darin konnte man Texte leichter finden als beim langwierigen Abwickeln einer Schriftrolle.

Codex mit Pergamentblättern

Bibelhandschrift (um 1362)

Kirchenfenster (Ulm; um 1500)

Im Mittelalter entstanden viele prächtige **Bibelhandschriften**. Mönche schrieben die Texte immer wieder ab und verzierten sie mit schmuckvollen Initialen und Miniaturen (Bildschmuck in Handschriften).

Armenbibel: Ende des 13. Jahrhunderts entstanden reine Bilderbibeln. Zudem wurden biblische Szenen auf Wandgemälden und Kirchenfenstern abgebildet. Der Name „Armenbibel" zeigt, dass so vor allem den Armen, die weder schreiben noch lesen konnten, eine Vorstellung vom Inhalt der biblischen Bücher vermittelt wurde.

Moderne Erfindungen, wie z. B. CD-ROM und Internet, erschließen auch für den Umgang mit der Bibel neue Möglichkeiten.

?!

- Versucht herauszufinden, welche Bibeln es an eurer Schule gibt!
- Vielleicht zeigt euch euer Lehrer im Computerraum, was man auf einer CD-ROM zur Bibel alles entdecken kann oder wie ihr im Internet Wege zur Bibel finden könnt!

Die Bibel heute

Der Bestseller

Die Bibel bleibt das meist übersetzte Buch der Welt: In 2287 Sprachen sind die Bibel oder zumindest einzelne Bücher der Heiligen Schrift bis heute übersetzt.
Auf den beiden folgenden Seiten siehst du, dass man sich in unterschiedlicher Form und mit unterschiedlichen Mitteln mit der Bibel beschäftigen kann.

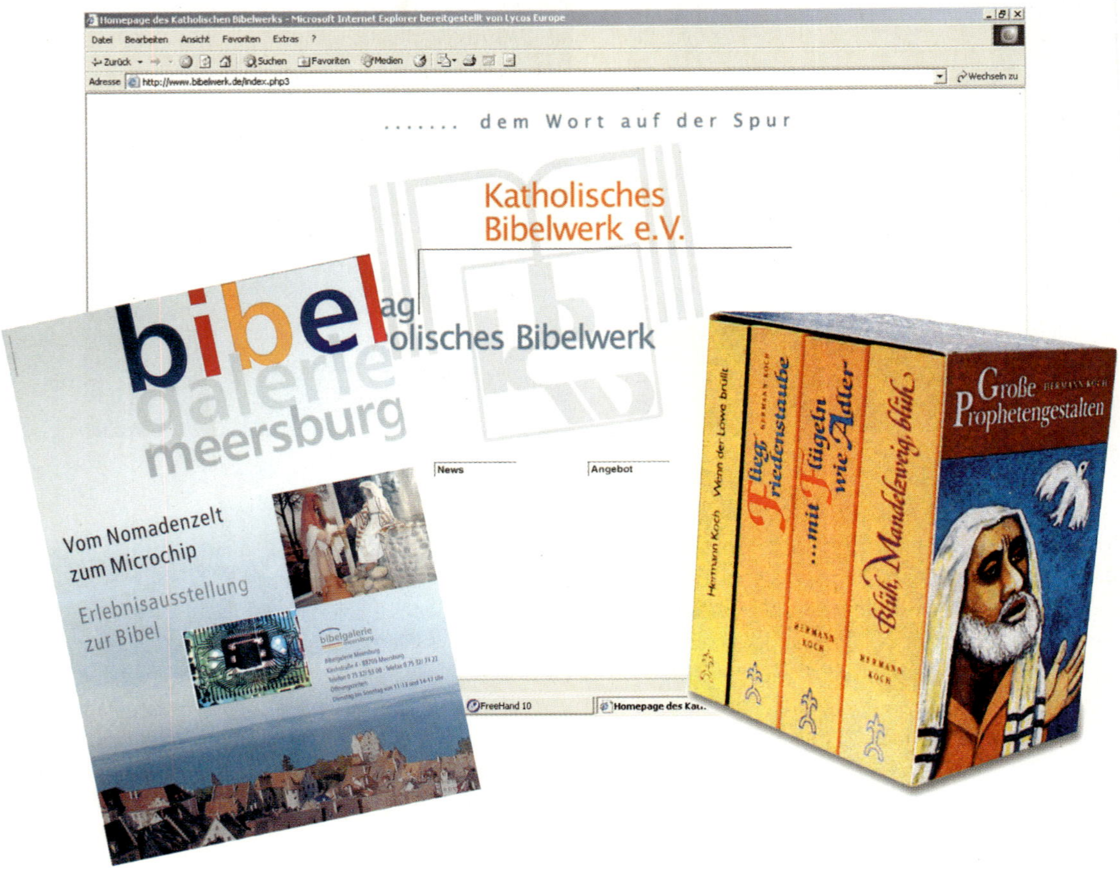

Nach der Lesung

Lektor:
Wort des lebendigen Gottes

Gemeinde:
Dank sei Gott.

Nach dem Evangelium

Priester:
Evangelium unseres Herrn Jesus Christus

Gemeinde:
Lob sei dir, Christus.

Die Bibel und die UNO

Vor dem Hauptgebäude der Vereinten Nationen in New York steht auf einem Denkmal: ***Schwerter zu Pflugscharen.***

?!

- Lies in Jes 2 nach, was demnach die UNO als ihre Aufgabe ansieht!
- In welcher der hier dargestellten Weisen ist dir die Bibel schon begegnet?
- Wo hast du auf andere Art bisher mit der Bibel Kontakt gehabt?

1. **Spielen**
   Viele Szenen aus den Jakobs- und Josefsgeschichten (z. B. Esau wird um den Vatersegen betrogen; in Benjamins Getreidesack wird der Silberbecher entdeckt) eignen sich gut zum Nachspielen!
   Erstellt ein kleines Drehbuch und verteilt die Rollen! Welche Requisiten braucht ihr?

2. **Malen**
   Jeder von euch malt seine Lieblingsszene zu diesen Geschichten, stellt sein Bild in der Klasse vor und erklärt es.

3. **Aus einer anderen Perspektive erzählen**
   Versucht einmal, eine Szene aus diesen Geschichten aus einer anderen Sicht zu erzählen, als sie in der Bibel zu lesen ist! Versetzt euch z. B. in Esau und erzählt aus seiner Perspektive, wie er den Betrug um den Vatersegen erlebt hat! Oder: Was könnte in Benjamin vorgehen, als man den Silberbecher bei ihm findet?
   Ihr werdet sehen, dass die Geschichten dadurch viel an Leben gewinnen. Aber es ist gar nicht leicht!

4. **Eine Schriftrolle basteln**
   Bastelt euch selbst aus zwei Holzstäben und einem breiten Papierstreifen eine Handschriftenrolle (s. S. 82)!
   Beschriftet sie mit einer eurer Lieblingsbibelstellen!
   Versucht die Stelle nach den auf S. 80 kennen gelernten Regeln der hebräischen Schrift oder in griechischen Großbuchstaben zu schreiben!
   So wie früher die Mönche in den Schreibstuben könnt ihr den Anfangsbuchstaben prächtig verzieren und/oder eine Miniatur dazu malen.

5. **Erraten von biblischen Personen: „Wer bin ich?"**
   Ein Kind stellt eine biblische Person vor (z. B. durch eine typische Handbewegung, in Form von Pantomime, durch Vorzeigen eines kennzeichnenden Gegenstandes). Jeder darf einmal raten, bis entweder die biblische Person erkannt ist oder alle falsch geraten haben. Danach erklärt der Fragesteller auf dem Hintergrund der biblischen Geschichte, warum er die Person *so* vorgestellt hat.

6. **Spuren der Bibel im Alltag entdecken**
   Achtet in der nächsten Zeit ganz bewusst darauf, wo ihr die Bibel als Ganze, einzelne Personen oder Motive aus der Bibel entdeckt, z. B. in der Werbung, in der Musikszene, beim Zeitunglesen usw. (auf den Seiten 60 und 61 könnt ihr Anregungen dazu bekommen)!
   Sammelt eure Entdeckungen und stellt sie in der Klasse vor!

7. **Ein kleine Bibelausstellung organisieren**
   Jeder bringt von zu Hause eine Bibel mit und schreibt auf ein Kärtchen, wie alt sie ist, wer sie wann bekommen hat und was mit ihr schon alles passiert ist. Vielleicht findet ihr sogar Bibeln in unterschiedlichen Sprachen und solche mit interessanten Bildern …
   Ergänzt diese Bibelausstellung (z. B. anlässlich eines Projekttages) mit dem Material, das ihr auf der Suche nach Spuren der Bibel im Alltag entdeckt habt!

1. Lichtspuren

„Warum das Dunkle und Schwere?“
fragte ich den Engel
an meiner Seite.
Doch er antwortete nicht.

„Wozu die Lasten und Schatten?“
fragte ich ihn später – ein wenig
weiser geworden.
Auch dazu schwieg er.

Mitten aus dem Schweigen jedoch
zeigte er auf die Lichtspuren
meiner Wegkarte.
Und er lächelte mir zu.

(Maria Baldus-Cohen-Or)

Kannst du dieses Gedicht mit den Gotteserfahrungen von Jakob und Josef in Zusammenhang bringen?

2. Erkläre, warum man die Bibel als „Erinnerungs- und Hoffnungsbuch“ bezeichnen kann!

3. Was haben wohl die folgenden Zahlen mit der Bibel zu tun?

21+7+18 5+21+1
46 27
73
2
1

4. Hier findest du das Rezept für einen „Bibelkuchen“.
Die Zutaten musst du dir freilich erst noch durch Nachschlagen zusammensuchen.

250 gr Spr 30,33
2 Tassen Ri 14,18 (Versanfang)
4 $^1/_2$ Tassen 1 Kön 5,2 oder 2 Tassen 1 Sam 30,12 (zweite Möglichkeit)
$^1/_4$ Tasse 1 Kor 3,2
2 Tassen Nah 3,12
1 Tasse Num 17,23
6 Stück Jer 17,11 (nicht das Rebhuhn selbst!)
1 Prise Mt 5,13 oder 4–5 Teelöffel Jer 6,20
3 Teelöffel Backpulver (in der Bibel leider noch nicht bekannt)
Zubereitung des Teigs: Spr 23,14 (erster Teil)
Backzeit bei Mittelhitze in Minuten Ri 10,4 (zwei Zahlen zusammenzählen)
Anregung zum Servieren: Lk 14,12-14

Viel Spaß beim Backen!

5. Muslime glauben, ihre heilige Schrift, der Koran, sei dem Propheten Mohammed direkt von einem Engel diktiert worden. Wir Christen glauben das von unserer heiligen Schrift, der Bibel, nicht. Versuche den Unterschied zu erklären!

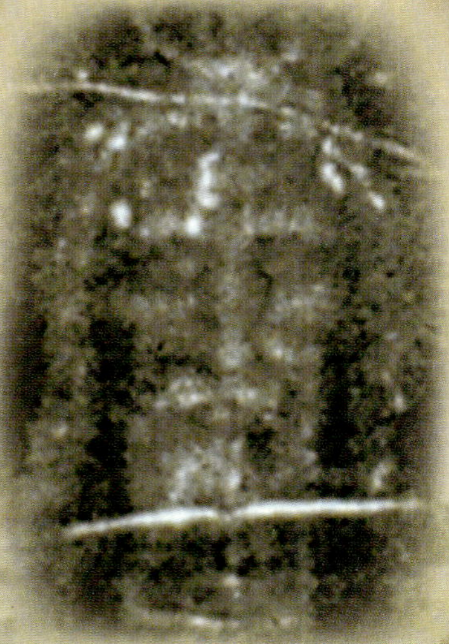

IV. Gott zeigt sich neu: Jesus von Nazaret und seine Botschaft

Aus Worten können
Wege werden.
TelefonSeelsorge.
freecall
0800-111 0 111
0800-111 0 222

Tobias: Ein Bild von Jesus? Ach ja, von dem wird dauernd im Religionsunterricht geredet. Der ist doch schon lange tot!

Irina: Fast 2000 Jahre. Wir teilen die Zeit schließlich nach seiner Geburt ein.

David: Unser Relilehrer in der Grundschule hat schon viel über ihn erzählt, Jesus war echt nett.

Jenny: Wenn du in die Kirche gehst, kannst du Bilder von ihm sehen, er ist ziemlich dünn und hat einen Bart. Außerdem hängt er an einem Kreuz.

Tobias: Also weißt du, das sind doch keine echten Bilder, aber so eine Art Abdruck von ihm scheint's tatsächlich zu geben.

Turin (ena) Über 2000 Carabinieri waren im Einsatz, um den Besucheransturm auf den Dom von Turin zu bewältigen.

Mehr als 4 Millionen Menschen drängten in der Zeit vom 18. April bis 14. Juni 1998 zu einer Ausstellung des berühmten Grabtuchs. Pro Stunde konnten nur 4000 Menschen in den Dom eingelassen werden. Jeder hatte zwei Minuten Zeit um die Reliquie zu betrachten.

Erstmals wurde sie wieder gezeigt, geschützt in einem feuersicheren Schrein aus Panzerglas. Was war dort zu sehen?

In Turin wird ein 4,36 Meter langes und 1,09 Meter breites Leinentuch gezeigt. Darauf sind Abdrücke von Blut und Schweiß, die das Körperabbild eines Gekreuzigten wiedergeben, zu sehen. Seit Jahrhunderten wird es als Jesu Grabtuch verehrt, das Tuch, in das er nach der Abnahme vom Kreuz gelegt worden ist.

Was bewegt Millionen von Menschen zum Grabtuch zu kommen? Neugier? Sensationslust? Interesse an Jesus? Natürlich ist es nicht möglich aus dem Grabtuch sicher abzuleiten, Jesus wäre 1,81 m groß gewesen, habe 80 kg gewogen und seine Blutgruppe sei AB gewesen.

Nie wird mit hundertprozentiger Sicherheit gesagt werden können, dass Jesus tatsächlich in dem Tuch gelegen hat. Trotzdem ist es für viele Gläubige seit Jahrhunderten von großer Bedeutung.

Wenn sie das Grabtuch anschauen, vertiefen sie sich in das Leiden und Sterben Jesu zur Erlösung der Menschen.

?!

- Welche Spuren kann man auf dem Tuch erkennen?
- Besorgt euch Informationsmaterial über das Turiner Grabtuch (z. B. im Internet) und stellt eure Erkenntnisse im Unterricht vor!

Florian: Das ist wirklich brutal – mit Nägeln an ein Kreuz geschlagen! Das Tuch wirkt schon überzeugend, aber wenn es doch nicht echt ist? Gibt es denn nichts Anderes von Jesus?

Stefan: Klar, schau doch ins Neue Testament, da steht alles drin, nicht nur von seiner Kreuzigung, sondern auch von seinem Leben!

Marina: Und ich hab zur Kommunion ein Lexikon mit Bildern geschenkt bekommen. Da erklären Historiker vieles, was man zuerst nicht versteht, z. B. warum die Römer so viele Menschen kreuzigten.

Florian: So etwas ist echt interessant. Ich habe in einem Sachbuch mal gelesen, wie die Archäologen Spuren ausgraben und lesen.

Max: Ja, das ist echte Detektivarbeit!

- Versuche zu erklären, was Archäologen und Historiker mit Detektiven gemeinsam haben!

?!

Sachbücher bieten gutes Anschauungsmaterial, wenn man sich Land und Leute einer vergangenen Zeit vor Augen führen will. Unter Schlagworten wie „Judentum", „Alter Orient", „Israel", „Römer" oder „Palästina" findet man vieles, was die Zeit, in der Jesus lebte, lebendig werden lässt.

Die folgenden „Fundstücke" stammen aus der Zeit und dem Lebensraum Jesu:

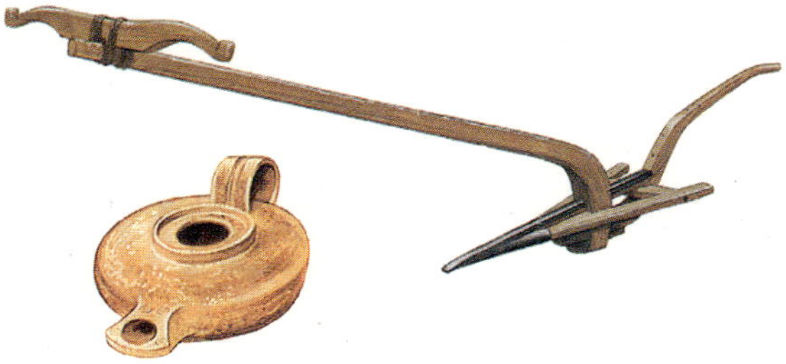

Der oben links zu sehende Backofen wurde nachgebaut. Die rechte Zeichnung verdeutlicht, wie damals die Häuser aufgebaut waren. Die beiden anderen Bilder zeigen einen antiken Pflug und eine Öllampe, an deren vorderer Öffnung das Öl verbrannte.

- Die abgebildeten Gegenstände waren zur Zeit Jesu unverzichtbar. Vergleicht mit heute!
- Viele von euch besitzen Sachbücher. Stellt diese zwei Wochen lang in der Klasse aus!

?!

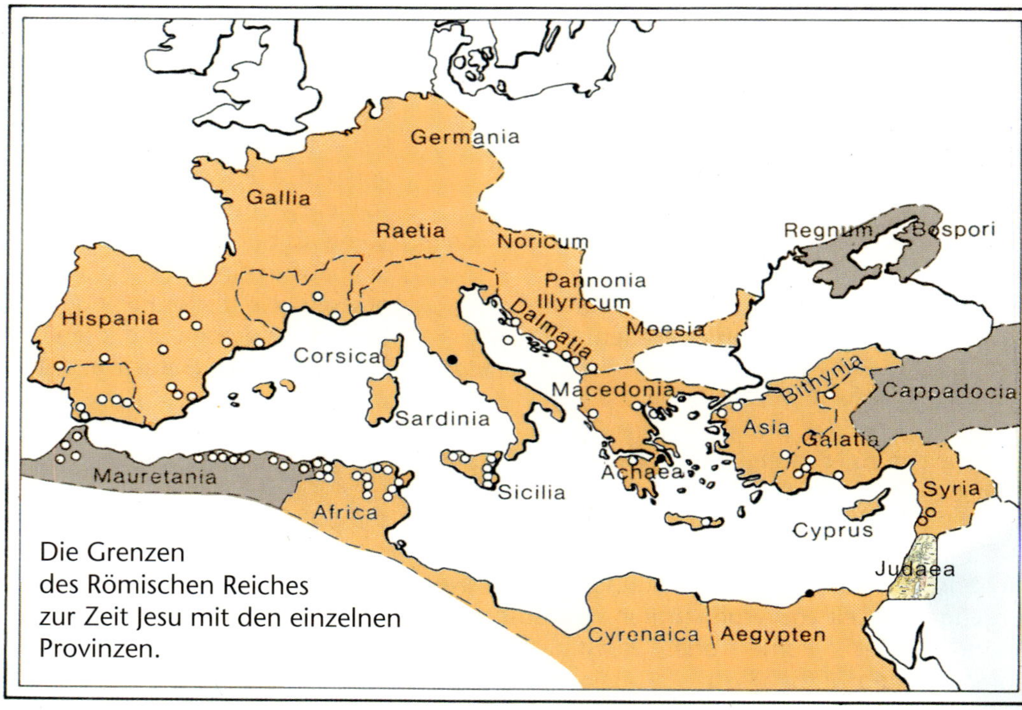

Die Grenzen des Römischen Reiches zur Zeit Jesu mit den einzelnen Provinzen.

Als Jesus lebte, hatten die Römer nahezu die gesamte damals bekannte Welt erobert. Das riesige Reich war in einzelne Provinzen unterteilt, in denen so genannte Statthalter im Auftrag des Kaisers herrschten. In den eroberten Gebieten sorgte das Militär für Ruhe und Ordnung.

?!

- Welche Länder liegen heute auf dem Gebiet des damaligen Römischen Reiches? Benutze den Atlas!

Ein gut ausgebautes Straßensystem ermöglichte regen Handelsverkehr und ein schnelles Vorankommen der Truppen. In allen Teilen des Reiches zeugten prächtige Bauten von Kultur und Wohlstand.

Die Bevölkerung klagte jedoch oft über die Last der erhobenen Steuern, denn manche Statthalter beuteten ihre Provinzen rigoros aus. Immer wieder kam es zu Aufständen, die meist im Keim erstickt wurden. Bei ihrer Niederschlagung schreckten die Römer auch vor Massenkreuzigungen nicht zurück.

Palästina, das Land, in dem Jesus lebte, war zur Zeit Jesu seit mehr als 50 Jahren römische Provinz. Die meisten Juden meinten, dies sei lange genug. Die Sehnsucht nach einem freien, von Rom unabhängigen Israel wurde von Jahr zu Jahr stärker.

?!

Versuche folgende Aufträge mit Hilfe der Karte auf der rechten Seite, die Palästina mit seinen verschiedenen Teilen zeigt, zu bearbeiten:

- Wo liegen die natürlichen Grenzen (Fluss, Gebirge) Palästinas?
- Welche Gebiete waren wohl am stärksten besiedelt?
- Von einigen Orten weißt du, dass Jesus an ihnen wirkte. Stelle eine Liste dieser Orte auf und trage die dir bekannten Ereignisse ein!
- Berechne mit Hilfe des angegebenen Maßstabs die ungefähre Ausdehnung Palästinas! Nimm deinen Erdkundealtas und vergleiche mit der Größe einiger Bundesländer Deutschlands wie z. B. Bayern!

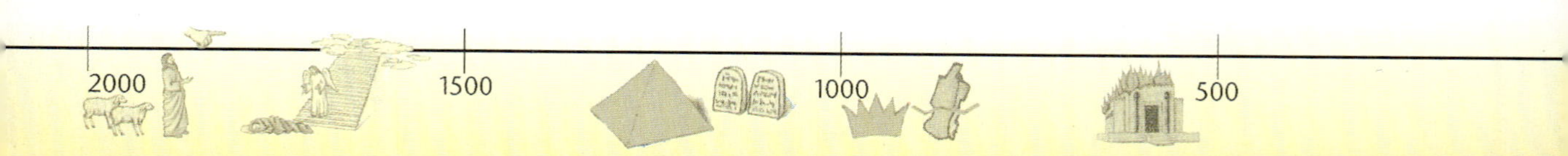

28 km
Sidon
Mittelmeer
Saulus flieht aus Damaskus
Damaskus
Die Verklärung
Tyrus
Berg Hermon
Cäsarea-Philippi
GALILÄA
Die Speisung der Fünftausend
Bergpredigt
Kafarnaum
Betsaida
Kana
Berg der Seligpreisungen
See Gennesaret
Berg Karmel
Hochzeitsfest
Tiberias
Die Schweine von Gadara
Nazaret
GADARA
Berg Tabor
Cäsarea
Samaria
Jordan
Jabbok
Berg Ebal
SAMARIEN
Jafo (Joppe)
PERÄA
Der Zöllner Zachäus
Petrus' Erscheinung
Emmaus
Kreuzigung
Jericho
Auferstehung
Jerusalem
Betanien
Geburt Jesu
Betlehem
JUDÄA
Wüste von Judäa
Gaza
Die Versuchungen in der Wüste
Totes Meer
Hebron
Beerscheba

In jenen Tagen erließ **Kaiser Augustus** den Befehl, alle Bewohner des Reiches in Steuerlisten einzutragen. Dies geschah zum ersten Mal; damals war Quirinius Statthalter von Syrien. Da ging jeder in seine Stadt, um sich eintragen zu lassen. So zog auch Josef von der Stadt Nazaret in Galiläa hinauf nach Judäa in die Stadt Davids, die **Betlehem** heißt; denn er war **aus dem Haus und Geschlecht Davids.** Er wollte sich eintragen lassen mit Maria, seiner Verlobten, die ein Kind erwartete. Als sie dort waren, kam für Maria die Zeit ihrer Niederkunft, und sie gebar ihren Sohn, den Erstgeborenen. Sie wickelte ihn in Windeln und legte ihn in eine Krippe, weil in der Herberge kein Platz für sie war.
In jener Gegend lagerten **Hirten** auf freiem Feld und hielten Nachtwache bei ihrer Herde. Da trat der **Engel des Herrn** zu ihnen und der Glanz des Herrn umstrahlte sie. Sie fürchteten sich sehr, der Engel aber sagte zu ihnen: *Fürchtet euch nicht, denn ich* ***verkünde euch eine große Freude****, die dem ganzen Volk zuteil werden soll. Heute ist euch in der Stadt Davids der Retter geboren; er ist der* ***Messias****, der* ***Herr****. Und das soll euch als Zeichen dienen: Ihr werdet ein Kind finden, das, in Windeln gewickelt, in einer Krippe liegt.* Und plötzlich war bei dem Engel ein großes himmlisches Heer, das Gott lobte und sprach:
Verherrlicht ist Gott in der Höhe und auf Erden ist Friede / bei den Menschen seiner Gnade.
Als die Engel sie verlassen hatten und in den Himmel zurückgekehrt waren, sagten die Hirten zueinander: Kommt, wir gehen nach Betlehem, um das Ereignis zu sehen, das uns der Herr verkünden ließ. So eilten sie hin und fanden Maria und Josef und das Kind, das in der Krippe lag. Als sie es sahen, erzählten sie, was ihnen über dieses Kind gesagt worden war. Und alle, die es hörten, staunten über die Worte der Hirten.

Lukas 2,1-18

Die Erzählung von der Geburt Jesu ist den meisten Menschen sehr vertraut. Auch ihr habt sie an Weihnachten wahrscheinlich schon oft gehört.

- Erklärt mit eigenen Worten, was ihr in dieser Geschichte für besonders wichtig haltet!

Einen Bibeltext in seiner vollen Bedeutung zu erfassen ist aber gar nicht so einfach. Die Zeitumstände, deren Kenntnis die Verfasser der biblischen Schriften als selbstverständlich voraussetzen, sind uns heute nämlich oft fremd. Seit damals sind immerhin 2000 Jahre vergangen!

Auf den nächsten Seiten findest du immer wieder „Blitzlichter". Jedes einzelne beleuchtet einen Ausschnitt der damaligen Lebensumstände. Alle zusammen können helfen, den Sinn der biblischen Erzählungen besser zu verstehen.

Kaiser Augustus
Der römische Kaiser lässt sich als **Herr der Welt** verehren. Er ist der Oberbefehlshaber des **römischen Heeres,** seinen Befehlen hat sich jeder unterzuordnen.
Seine Titel zeigen seinen Anspruch: *der Erhabene / Sohn eines Gottes / göttlich / Herr / Retter ...*

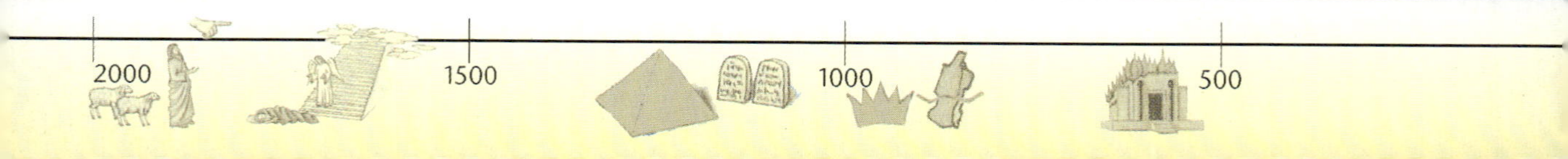

Haus und Geschlecht Davids
David war der bedeutendste aller Könige in Israel gewesen. Durch den Propheten Natan hatte Gott ihm verkündet, dass sein Haus und sein Königtum ewig bestehen würden.

Betlehem
Der Prophet Micha hatte prophezeit: „Aber du, Betlehem-Efrata, so klein unter den Gauen Judas, aus dir wird mir einer hervorgehen, der über Israel herrschen soll." (Mi 5,1)

Hirten
Die Urväter oder Patriarchen (Abraham ...) zogen als wandernde Hirten (Nomaden) nach Palästina – Menschen, die den jüdischen Glauben begründet hatten und hoch geehrt wurden. Auch David war Hirte gewesen. Aber zur Zeit Jesu, in der man in festen Häusern wohnte, war der Beruf des Hirten selbst nicht mehr angesehen und schlecht bezahlt.

Engel
Um seine Botschaft den Menschen zu verkünden, bedient sich Gott vieler Mittel. Er beruft Menschen zu Propheten, er erscheint in Träumen und Visionen, spricht als Stimme oder lässt Engel erscheinen. Als Mittlerwesen überbrücken sie die Kluft zwischen Gott und Mensch und vertreten Gott selbst, indem sie seine Worte sprechen. In ihrem Lobgesang bei den Hirten verwenden sie Worte, mit denen der Kaiser und sein Geburtstag gefeiert wurden.

Verkündigung großer Freude = Evangelium
Verkündigung einer die ganze Welt angehenden guten Nachricht – auch für Verkündigungen des Kaisers verwendeter Begriff.

Gentile da Fabriano: Engel. Ausschnitt aus Altarbild (1423)

Messias
Von allen im Volk Israel als König des endzeitlichen Gottesreichs herbeigesehnter Herrscher aus dem Hause Davids.

Friede
In allen Teilen des römischen Reiches sollten Gesetze, die für alle gleich galten, ein friedvolles Zusammenleben ermöglichen. Diese Grundordnung wurde „Pax Augustana", Kaiserfrieden, genannt. Die Römer verstanden darunter nicht nur den inneren Frieden, sondern immer auch die militärische Beherrschung des Weltreichs und den grundsätzlichen Willen zu weiteren Eroberungen.

?!

Lukas baut in der Weihnachtsgeschichte Parallelen zwischen Jesus und dem Kaiser auf.

- Welche Bedeutung kommt Jesus in der Sichtweise des Evangelisten zu?
- Wodurch unterscheidet sich die Geburt Jesu von einer Geburt im Kaiserhaus?
- Beantwortet jetzt die Frage, was an dieser Geschichte besonders wichtig ist, nochmals!

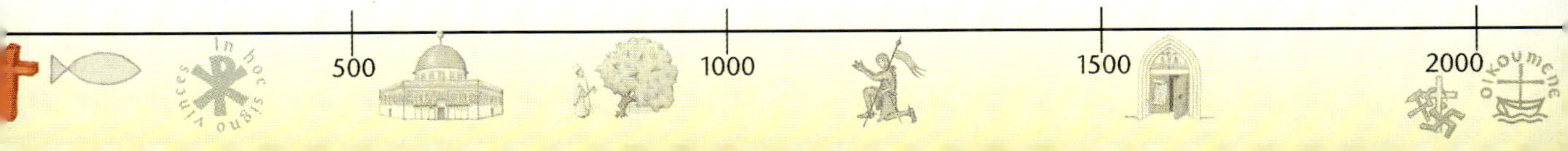

Weihnachten

Ein Kind kommt in die Welt

Die Weihnachtsgeschichte erzählt nicht in allen Einzelheiten, unter welchen Umständen Jesus geboren wurde. Den Evangelisten ist es viel wichtiger, die Bedeutung herauszustellen, die dieses Kind für die ganze Welt hat. Dieses Kind ist der Erlöser, der nach dem Willen Gottes der ganzen Welt den Frieden bringt! Dieses Kind ist der Gesandte Gottes, der Held und Hoffnungsträger, der Sohn Gottes, dessen Geburt vor allem der Prophet Jesaja seit langem vorausgesagt hat!

In der Erzählung vom Besuch der Sterndeuter bringt der Evangelist Matthäus dies alles zur Sprache.

Das Volk, das im Dunkel lebt, sieht ein helles Licht; über denen, die im Land der Finsternis wohnen, strahlt ein Licht auf. **Jes 9,1**

Der Ochse kennt seinen Besitzer und der Esel die Krippe seines Herrn; Israel aber hat keine Erkenntnis, mein Volk hat keine Einsicht. **Jes 1,3**

Denn uns ist ein Kind geboren, ein Sohn ist uns geschenkt. Die Herrschaft liegt auf seiner Schulter; man nennt ihn: Wunderbarer Ratgeber, Starker Gott, Vater in Ewigkeit, Fürst des Friedens. Seine Herrschaft ist groß und der Friede hat kein Ende. Auf dem Thron Davids herrscht er über sein Reich; er festigt und stützt es durch Recht und Gerechtigkeit, jetzt und für alle Zeiten. Der leidenschaftliche Eifer des Herrn der Heere wird es vollbringen. **Jes 9,5-6**

Darum wird euch der Herr von sich aus ein Zeichen geben: Seht, die Jungfrau wird einen Sohn gebären und sie wird ihm den Namen Immanuel (Gott mit uns) geben. **Jes 7,14**

Am Ende der Tage wird es geschehen: Der Berg mit dem Haus des Herrn steht fest gegründet als höchster der Berge; er überragt alle Hügel. Zu ihm strömen alle Völker.
Viele Nationen machen sich auf den Weg. Sie sagen: Kommt, wir ziehen hinauf zum Berg des Herrn und zum Haus des Gottes Jakobs. Er zeige uns seine Wege, auf seinen Pfaden wollen wir gehen. **Jes 2,2-3**

?!

- Betrachtet das Bild vom Besuch der Sterndeuter und ordnet einzelnen Szenen die passenden Prophetenworte zu!
- Wie drückt der Maler die Bedeutung Jesu aus?
- Lest jetzt die Geschichte von der Huldigung der Sterndeuter (Mt 2,1-12)! Welche Szene auf dem Bild kommt weder bei Matthäus noch bei Lukas (S. 94) vor? Bei der Frage, warum sie dennoch dargestellt ist, hilft euch ein Prophetenwort!

Ludovico Urbani: Die Anbetung der Hl. Drei Könige
Ölgemälde (1480)

Datum des Geburtstages Jesu Christi

Die Evangelisten wollten mit den Weihnachtserzählungen die Besonderheit und außerordentliche Bedeutung Jesu zum Ausdruck bringen. Über das Datum geben sie keine Auskunft.
Dies führte dazu, dass man in den frühen christlichen Gemeinden ausgerechnet die Geburt Jesu zunächst nicht feiern konnte!
Um hier Abhilfe zu schaffen, überlegte man, an welchem Tag eine solche Feier am besten passen würde. Für den 25. Dezember sprach:

- Der 25. Dezember ist der Tag der Sonnenwende. Die Nacht wird zurückgedrängt, die Tage werden länger, Licht kommt in die Welt …
- Beim Propheten Maleachi steht: „Für euch aber, die ihr meinen Namen fürchtet, wird die Sonne der Gerechtigkeit aufgehen." (Mal 3,20). Nun wurde im römischen Reich am Tag der Sonnenwende das Fest der Geburt des unbesiegbaren Sonnengottes gefeiert, welches auf den Kaiser als unbesiegbare Sonne gedeutet wurde …
- Zum Frühlingsanfang, wenn das Leben wieder erwacht, also am 25. März, neun Monate vor Weihnachten, passt die Zeit der Empfängnis Jesu …

- Führt diese Überlegungen passend zu Ende!

?!

Letztendlich gab wohl vor allem die Lichtsymbolik den Ausschlag dafür, dass die Wahl endgültig auf den 25. Dezember fiel.

- Welche Bräuche aus der Vorweihnachtszeit und an Weihnachten selbst greifen diese Lichtsymbolik auf?

?!

Die Geschichte vom coolen Fußballfan

Ein Dortmunder Fan geriet nach einem Fußballspiel in München in eine Schlägerei. Dabei fiel er unglücklich gegen einen Laternenmast und lag kurze Zeit bewusstlos am Boden. Der Bayernfan Ralf, der daneben stand und dies sah, schaute, dass er sich sofort aus dem Staub machte …

?!

- Wähle aus den drei folgenden Fortsetzungen eine aus, die du für die a) wahrscheinlichste b) beste hältst!
  Begründe deine Entscheidung jeweils!

1. Doch schon an der nächsten Ecke reute es ihn, er spurtete zurück und versuchte dem Bewusstlosen zu helfen. Er suchte nach einem Polizisten, der den Notarzt verständigen konnte …
2. Hinter ihm kamen seine Kumpel. „Nichts wie weg, die Bullen kommen. Wir treffen uns in der Kneipe!“, schrie der Wortführer den anderen zu. „Hey – schau nicht so, der kommt schon durch. Außerdem ist's doch bloß so ein Dortmunder, an dem mache ich mir die Hände nicht schmutzig …“
3. Aber nach wenigen Metern lief er in eine Dortmunder Fangemeinde, die ihn johlend empfing. „Dir zeig ich's, du wirst gleich neben dem liegen!“, brüllte einer Ralf an. Im nächsten Moment fielen sie über ihn her …

Bei der Fußballweltmeisterschaft 1998 wurde ein französischer Polizist von deutschen Schlägern so schwer verletzt, dass er sein ganzes Leben an den Folgen leiden wird.

Da stand ein **Gesetzeslehrer** auf, und um Jesus auf die Probe zu stellen, fragte er ihn: *Meister, was muss ich tun, um das ewige Leben zu gewinnen?* Jesus sagte zu ihm:
*Was steht im **Gesetz**? Was liest du dort?*
Er antwortete: *Du sollst den Herrn, deinen Gott, lieben mit ganzem Herzen und ganzer Seele, mit all deiner Kraft und all deinen Gedanken, und: Deinen Nächsten sollst du lieben wie dich selbst.* Jesus sagte zu ihm: *Du hast richtig geantwortet. Handle danach und du wirst leben.*
Der Gesetzeslehrer wollte seine Frage rechtfertigen und sagte zu Jesus:
Und wer ist mein Nächster?
Darauf antwortete ihm Jesus:
*Ein Mann ging von **Jerusalem nach Jericho** hinab und wurde von Räubern überfallen. Sie plünderten ihn aus und schlugen ihn nieder; dann gingen sie weg und ließen ihn halb tot liegen. Zufällig kam ein **Priester** denselben Weg herab; er sah ihn und ging weiter. Auch ein **Levit** kam zu der Stelle; er sah ihn und ging weiter. Dann kam ein Mann aus **Samarien**, der auf der Reise war. Als er ihn sah, hatte er Mitleid, ging zu ihm hin, goss **Öl und Wein auf seine Wunden** und verband sie. Dann hob er ihn auf sein Reittier, brachte ihn zu einer Herberge und sorgte für ihn. Am andern Morgen holte er **zwei Denare** hervor, gab sie dem Wirt und sagte: „Sorge für ihn, und wenn du mehr für ihn brauchst, werde ich es dir bezahlen, wenn ich wiederkomme.“*
Was meinst du: Wer von diesen dreien hat sich als der Nächste dessen erwiesen, der von den Räubern überfallen wurde?
Der Gesetzeslehrer antwortete:
Der, der barmherzig an ihm gehandelt hat.
Da sagte Jesus zu ihm: *Dann geh und handle genauso!* **Lk 10,25-37**

- Erkläre mit Hilfe der „Blitzlichter“, warum diese Geschichte einen gläubigen Juden wirklich aufregen konnte!
- Was ist das Neue und Faszinierende an der Erzählung vom barmherzigen Samariter?
- Was wollte Jesus mit dieser Geschichte erreichen?
- Vergleicht nochmals mit der Geschichte vom coolen Fußballfan!

?!

Gesetzeslehrer
Lehrer bzw. Schriftgelehrte waren hoch geachtet. Sie legten das Gesetz aus und wurden Rabbi (Meister/Lehrer) genannt. Man traf sie vor allem in den Synagogen, den jüdischen Gotteshäusern.

Jerusalem/Jericho (siehe Karte)

Priester-Lehrer

Schon der prunkvolle Schmuck hob die Hohenpriester von den einfachen Priestern ab.

Die Zahl der Priester war hoch. Sie vollzogen die Dienste im Tempel, so zum Beispiel das Darbringen von Opfern und das Verbrennen von Räucherwerk. Laien durften das nicht. Die Priester kannten die Gebote der Schrift und waren zuständig für die Auslegung des Gesetzes. Sie durften keinen körperlichen Makel aufweisen und mussten wie die Tempeldiener aus dem Stamm Levi (**Leviten**) kommen.

Gesetz
Die in den fünf Büchern Mose enthaltenen göttlichen Weisungen sollten den Menschen dabei helfen, den Bund mit Gott in ihrem Lebensalltag umzusetzen.

Samaria
Die Samaritaner waren eine mit fremden Volksstämmen vermischte jüdische Sondergruppe. Sie wurden von den Rückkehrern aus dem Exil in Babylon (S. 74), die den Jerusalemer Tempel wieder aufbauten, als unrein angesehen und nicht als Juden anerkannt. Auf dem ihnen heiligen Berg Garizim bauten sie wahrscheinlich im 5. Jahrhundert v. Chr einen eigenen Jahwe-Tempel. Spätestens seit dieser Zeit hassten sich die Volksgruppen gegenseitig.

Öl und Wein auf die Wunden
Schon damals wurde Alkohol zur Desinfektion benutzt. Wegen der heilenden Wirkung von Öl haben viele Salben Öle als Bestandteil.

Denar
Ungefähr der Tageslohn eines Arbeiters.

Einigen, die von ihrer eigenen Gerechtigkeit überzeugt waren und die anderen verachteten, erzählte Jesus dieses Beispiel: „Zwei Männer gingen zum Tempel hinauf, um zu beten; der eine war ein **Pharisäer**, der andere ein **Zöllner**. Der Pharisäer stellte sich hin und sprach leise dieses Gebet: ‚Gott, ich danke dir, dass ich nicht wie die anderen Menschen bin, die Räuber, Betrüger, Ehebrecher oder auch wie dieser Zöllner dort. Ich faste zweimal in der Woche und gebe dem Tempel den zehnten Teil meines ganzen Einkommens.'
Der Zöllner aber blieb ganz hinten stehen und wagte nicht einmal, seine Augen zum Himmel zu erheben, sondern schlug sich an die Brust und betete: ‚Gott, sei mir Sünder gnädig!'
Ich sage euch: Dieser kehrte als Gerechter nach Hause zurück, der andere nicht. Denn wer sich selbst erhöht, wird erniedrigt, wer sich aber selbst erniedrigt, wird erhöht werden." **Lk 18,9-14**

Als Jesus weiterging, sah er einen Mann namens Matthäus am Zoll sitzen und sagte zu ihm: „Folge mir nach!" Da stand Matthäus auf und folgte ihm. Und als Jesus **in seinem Haus beim Essen** war, kamen viele **Zöllner** und Sünder und aßen zusammen mit ihm und seinen Jüngern. Als die **Pharisäer** das sahen, sagten sie zu seinen Jüngern: „Wie kann euer Meister zusammen mit Zöllnern und Sündern essen?" Er hörte es und sagte: „Nicht die Gesunden brauchen den Arzt, sondern die Kranken.
Darum lernt, was es heißt: *Barmherzigkeit will ich, nicht Opfer.* Denn ich bin gekommen, um die Sünder zu rufen, nicht die Gerechten." **Mt 9,9-13**

Dann kam er nach Jericho und ging durch die Stadt. Dort wohnte ein Mann namens Zachäus; er war der oberste **Zollpächter** und war sehr reich. Er wollte gern sehen, wer dieser Jesus sei, doch die Menschenmenge versperrte ihm die Sicht; denn er war klein. Darum lief er voraus und stieg auf einen Maulbeerfeigenbaum, um Jesus zu sehen, der dort vorbeikommen musste. Als Jesus an die Stelle kam, schaute er hinauf und sagte zu ihm: „Zachäus, komm schnell herunter! Denn ich muss heute in deinem Haus **zu Gast sein.**"
Da stieg er schnell herunter und nahm Jesus freudig bei sich auf. Als die Leute das sahen, empörten sie sich und sagten: „Er ist bei einem **Sünder** eingekehrt."
Zachäus aber wandte sich an den Herrn und sagte: „Herr, **die Hälfte meines Vermögens will ich den Armen geben,** und wenn ich von jemand zuviel gefordert habe, gebe ich ihm das Vierfache zurück."
Da sagte Jesus zu ihm: „Heute ist diesem Haus das Heil geschenkt worden, weil auch dieser Mann ein Sohn Abrahams ist. Denn der Menschensohn ist gekommen, um zu suchen und zu retten, was verloren ist."
Lk 19,1-10

?!

- Erkläre mit Hilfe der „Blitzlichter", wen Jesus provozieren und wen er verändern will!
- Wähle aus den folgenden Aufträgen einen aus:
  Was könnte Zachäus einem Zöllnerkollegen am anderen Tag erzählen?
  Was würdest du schreiben, wenn du einer der Personen aus einer der drei Erzählungen einen Brief schreiben könntest?
  Male eine dieser Erzählungen in Form eines Comic!

Zollpächter / Zöllner
Sie trieben für die römische Besatzungsmacht Steuern und Zölle ein, die man für Waren entrichten musste. Ein Zöllner konnte, wenn er ungerecht war, leicht zu viel verlangen und rasch reich werden.

Einladung / Bei Tisch sitzen
Lädt man jemanden ein, so gilt das Gastrecht, der Gast steht unter dem Schutz des Hausherrn. Umgekehrt ist die Annahme einer Einladung aber auch ein Zeichen der Ehrung des Hausherrn durch den Gast.

Pharisäer
Sie lebten fromm und beachteten die Gesetze des Mose genau. Etliche glaubten, so das Kommen des Messias, des Retters aller Juden, herbeiführen zu können. Viele von ihnen sonderten sich von den weniger frommen Menschen ab und lebten in eigenen Dörfern oder Stadtteilen. Einige waren Mitglied des Hohen Rates, des höchsten Gerichtes des Landes.

Reinheit
Neben vielem anderen machte der Umgang mit Heiden (z. B. Römern) oder mit deren Geld einen Juden unrein. Bei einem **Sünder**, einem Unreinen, konnte man als frommer Jude nicht essen, denn jeder Kontakt mit Unreinen machte selbst unrein.

Almosen
Ein frommer Jude sollte ein Zehntel seines Einkommens den Armen geben.

Rückgabe unrecht erworbenen Guts
Ein Dieb war verpflichtet, das Doppelte des Gestohlenen zurückzugeben.

Im Schulbus
Tanja (5. Klasse): „Ist der Platz da noch frei?"
Lisa (8. Klasse): „Jetzt nicht mehr. Hey Steffi, willst du neben mir sitzen?"
Tanja: „Aber ich war doch zuerst da und ich hab so weit zu fahren."
Lisa: „Du spinnst wohl, ist doch nicht für alle Platz. Ich will nicht mit dir da sitzen! Neben so einer Petze wie dir will hier überhaupt niemand sitzen! Du hättest Steffi ja auch warnen können, als du die Pausenaufsicht gesehen hast! Wegen dir hat sie jetzt einen Verweis bekommen, und dabei hatte sie ihre Zigarette noch nicht mal bis zur Hälfte geraucht!"
Tanja (schluchzend): „Ich war doch zuerst da, das ist gemein!" …

Geburtstagsparty im Kinderheim
Ilker wohnt im Kinderheim, als einziger von der Klasse. Von seinen Klassenkameraden hat ihn dort noch nie jemand besucht, denn allein das Wort „Kinderheim" klingt schon irgendwie schrecklich. „Wahrscheinlich stinkt es dort und alles ist ganz eklig!", meint Isa, die Klassenbeste, wenn sie sich mit ihrer Freundin über Ilker unterhält.
Zu seiner Geburtstagsfeier darf Ilker fünf Kinder zu sich ins Kinderheim einladen. Ganz schüchtern gibt er Isa eine Einladungskarte …

?!

- Erzähle eine der beiden Geschichten zu Ende! Führe dabei noch andere Personen in die Handlung mit ein!
- Wo kannst du überall Parallelen zu den biblischen Erzählungen entdecken?

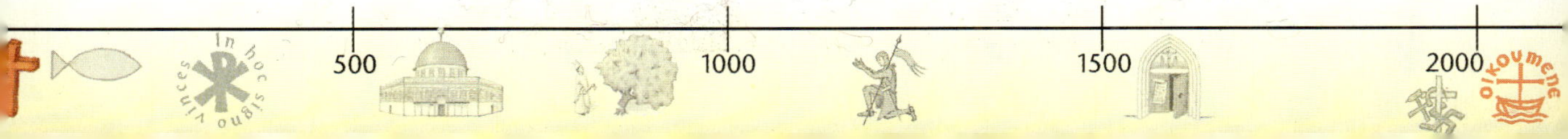

Kommentierte Pantomime

Es gibt viele Möglichkeiten biblische Geschichten zu spielen. Die „Kommentierte Pantomime" ist eine davon. Mit ihr kann man sich in die einzelnen Personen oder Rollen hineinversetzen und mitfühlen lernen.
Der Grundgedanke dieser Methode ist die Trennung von Spielen und Sprechen, d. h. ein Teil stellt durch Körperhaltung, Gang, Gesten und Mimik etwas dar, der andere Teil spricht die Gedanken und Gefühle, welche die Figuren haben könnten, aus.

1. **Der Lehrer liest die Bibelstelle laut vor:**

> Man brachte auch kleine Kinder zu ihm, damit er ihnen die Hände auflegte. Als die Jünger das sahen, wiesen sie die Leute schroff ab. Jesus aber rief die Kinder zu sich und sagte: *Lasst die Kinder zu mir kommen; hindert sie nicht daran! Denn Menschen wie ihnen gehört das Reich Gottes. Amen, das sage ich euch: Wer das Reich Gottes nicht so annimmt wie ein Kind, der wird nicht hineinkommen.* (Lk 18,15-17)

2. **Einzelne Schüler lesen die „Blitzlichter" zur Schriftstelle vor, die anderen lesen mit.**

Der erstgeborene Sohn musste in Erinnerung an Abraham, der seinen Sohn Isaak opfern wollte, in den Tempel gebracht werden. An seiner Stelle wurde dann ein gekauftes Tier geopfert.

Schulbildung wurde für Mädchen nicht für nötig erachtet. Die Mädchen arbeiteten schon früh im Haushalt mit, sodass sie hier alles lernten, was sie zum Leben brauchten.

Auch für Buben war Schulbildung nicht verpflichtend, aber die Pharisäer wollten jedem Buben Lesen und nach Möglichkeit auch Schreiben beibringen, damit er die religiösen Gebote besser verstehen konnte. In der Synagoge lernten die Buben etwa vom sechsten bis zum 14. Lebensjahr viele Schriften auswendig. Die Schüler saßen zu Füßen ihres Rabbi (Meisters) und hörten zu oder schrieben erste Buchstaben.

Überlebte ein Kind die ersten beiden Jahre, war die schlimmste Zeit vorüber. In der Familie übernahm es bald kleine Arbeiten. Mit sechs Jahren halfen Bauernkinder schon auf dem Feld.

Unter einer Hungersnot litten die Kinder am meisten, da für sie die Ernährung nicht mehr ausreichte.

Volljährig wurden Kinder im dreizehnten Lebensjahr, jetzt konnten sie heiraten. Mit 20 Jahren waren die meisten Menschen verheiratet.

Was der Vater sagte, war Gesetz! Er war das Oberhaupt, in Notzeiten konnte er, wenn die Schulden zu groß wurden, seine Kinder oder seine Frau verkaufen. Auf den Sklavenmärkten gab es eigene Abteilungen für Kinder.

3. **Die Bibelstelle wird reihum immer wieder gelesen, indem jeder Schüler – Bank für Bank – nur einen Vers liest, bis jeder einmal an der Reihe war.**

4. **Gruppeneinteilung nach Anzahl der Rollen.**
   Es gibt vier Rollen zu verteilen: Jesus, Leute, Jünger und Kinder. Es empfiehlt sich, außer Jesus alle Rollen mit mindestens zwei Personen zu besetzen. Da nun auch noch für jede Rolle ein Sprecher benötigt wird, ergibt sich insgesamt eine Gruppe von mindestens elf Schülern.

5. **Die Bibelstelle wird in Szenen eingeteilt, die man einzeln darstellen kann.**
   Lk 18,15-17 enthält vier Szenen:
   a) Leute bringen die Kinder zu Jesus.
   b) Jünger versuchen Menschen von Jesus fernzuhalten.
   c) Jesus ruft und die Kinder kommen.
   d) Jesus hält vor allen eine Rede.

6. Die Gruppe setzt sich in einen Kreis, in deren Mitte für jede Rolle ein Blatt liegt. Stumm oder in leisem Dialog werden die Blätter beschrieben, indem sich jeder für die einzelnen Rollen etwas Passendes überlegt.

Auf unseren Blättern könnte stehen:

Jesus: Warum sind Petrus und Andreas so aggressiv? Die Leute sind doch freundlich. Ich bin doch für jeden da! …

Leute: Meine Tochter soll auch den Segen bekommen. Jesus hat doch gesagt, er kommt zu allen Menschen …

Jünger: Der Meister ist so müde! Jetzt belästigen ihn auch noch diese Kinder! Was haben die hier zu suchen, die verstehen doch eh nichts! …

Kinder: Diese gemeinen Jünger! Ich bin doch nicht der letzte Dreck …

7. Die Spieler suchen nun für jede Szene Gesten und Haltungen, die auch ohne Worte verständlich sind. Die Sprecher teilen die Rollen auf und suchen für jede Szene dazu passende Worte und Sätze, die eine der Figuren in dem Moment denken oder sagen könnte. Diese werden auf Karten geschrieben.

So könnten die „Jünger" in der zweiten Szene eine Mauer vor Jesus bilden. Die Sprecher könnten dazu beispielsweise aufschreiben:

Leute: Sie lassen uns nicht durch. Sie bilden eine Wand, niemand kommt an Jesus heran. Mein Sohn hat sich so darauf gefreut …

Jünger: Zurück! Der Meister hat ein Recht auf Ruhe! Er hat genug mit Erwachsenen zu tun, alle Kranken kommen zu ihm!

8. Probe nach folgendem Schema:

a) Ein Erzähler (Lehrer) liest den Abschnitt aus der Bibel vor.

b) Die Darsteller spielen stumm und am besten in Zeitlupentempo, am Ende verharren sie in einer starren Pose.

c) Die Sprecher nennen ihre Rolle und lesen ihre zur Szene passende Karte.

d) Es folgt die nächste Szene nach demselben Muster.

9. Vorführung vor der ganzen Klasse.

10. Zum Abschluss liest ein Schüler nochmals die ganze Bibelstelle vor.

Am Sabbat lehrte Jesus in einer Synagoge. Dort saß eine Frau, die seit achtzehn Jahren krank war, weil sie von einem Dämon geplagt wurde; ihr Rücken war verkrümmt und sie konnte nicht mehr aufrecht gehen. Als Jesus sie sah, rief er sie zu sich und sagte: *Frau, du bist von deinem Leiden erlöst.* Und er legte ihr die Hände auf. Im gleichen Augenblick richtete sie sich auf und pries Gott. Der Synagogenvorsteher aber war empört darüber, dass Jesus am Sabbat heilte, und sagte zu den Leuten: *Sechs Tage sind zum Arbeiten da. Kommt also an diesen Tagen und lasst euch heilen, nicht am Sabbat!* Der Herr erwiderte ihm: *Ihr Heuchler! Bindet nicht jeder von euch am Sabbat seinen Ochsen oder Esel von der Krippe los und führt ihn zur Tränke? Diese Tochter Abrahams aber, die der Satan schon seit achtzehn Jahren gefesselt hielt, sollte am Sabbat nicht davon befreit werden dürfen?* Durch diese Worte wurden alle seine Gegner beschämt; das ganze Volk aber freute sich über all die großen Taten, die er vollbrachte. **Lk 13,10-17**

?!

- Gestaltet aus dem biblischen Text und den „Blitzlichtern" eine „kommentierte Pantomime!"

Zur Zeit Jesu schrieb man körperliche und seelische **Krankheiten** oft den Umtrieben von **Dämonen** zu. Blindheit und Taubheit galten dann ebenso als von einem Dämon verursacht wie Schwermut oder Krämpfe. Viele Menschen stellten sich vor, in dem Kranken hätte sich ein kleiner Teufel eingenistet, den man austreiben müsse, wenn man die Krankheit besiegen wolle.

In manchen alten Büchern wurden auch die Großbuchstaben ausgemalt. Hier wird die Austreibung von Dämonen dargestellt.

Krankheit galt als Strafe Gottes. An seinen Krankheiten war jeder selbst schuld, da nur sündige Menschen von Dämonen befallen würden – so dachte man. Kranke waren deshalb Außenseiter.

Die **Synagogenvorsteher** mussten für die Reinheit des Gotteshauses und für die Einhaltung der Gesetze sorgen. Da sie aus der Gruppe der Pharisäer kamen, waren sie gebildet. Deshalb traten sie auch in Streitfragen als Richter auf.

Das **Sabbatgesetz** ist eines der wichtigsten Gebote im Judentum. Es verbietet die Arbeit an jedem siebten Tag. Dieser Tag gehört der Ruhe und Gott.
In strenger Auslegung des Sabbatgesetzes war sogar die Zahl der Schritte vorgeschrieben, die man am Sabbat tun durfte, ohne dass es als Arbeit angesehen wurde.

Die **Frau** gehörte zum „Haus" (= Besitz) des Mannes und wurde vom Mann vor Gericht oder in anderen öffentlichen Dingen vertreten. Als Zeuge vor Gericht konnte sie nicht auftreten. Da sie nicht als mündig galt, hatte sie auch keine eigenen Besitzrechte. Nur der Mann konnte Verträge schließen. Er durfte bei einem Vergehen der Frau, selbst wenn es um Kleinigkeiten ging, diese entlassen, also die Ehe auflösen.

Im Tempel mussten Frauen im Vorhof bleiben. Innerhalb des eigenen Hauses waren sie dagegen für die Einhaltung der religiösen Pflichten zuständig.

Tochter Abrahams ist eine Ehrenbezeichnung für eine Frau in Israel. Die Abstammung von Abraham, dem großen Patriarchen, sichert ihr einen gebührenden Platz in der religiösen Gemeinschaft.

- Suche im Lukasevangelium nach anderen Geschichten, wo „Gebeugte" aufgerichtet werden!
- Wo hast du solche Personen in diesem Kapitel bereits kennen gelernt?

?!

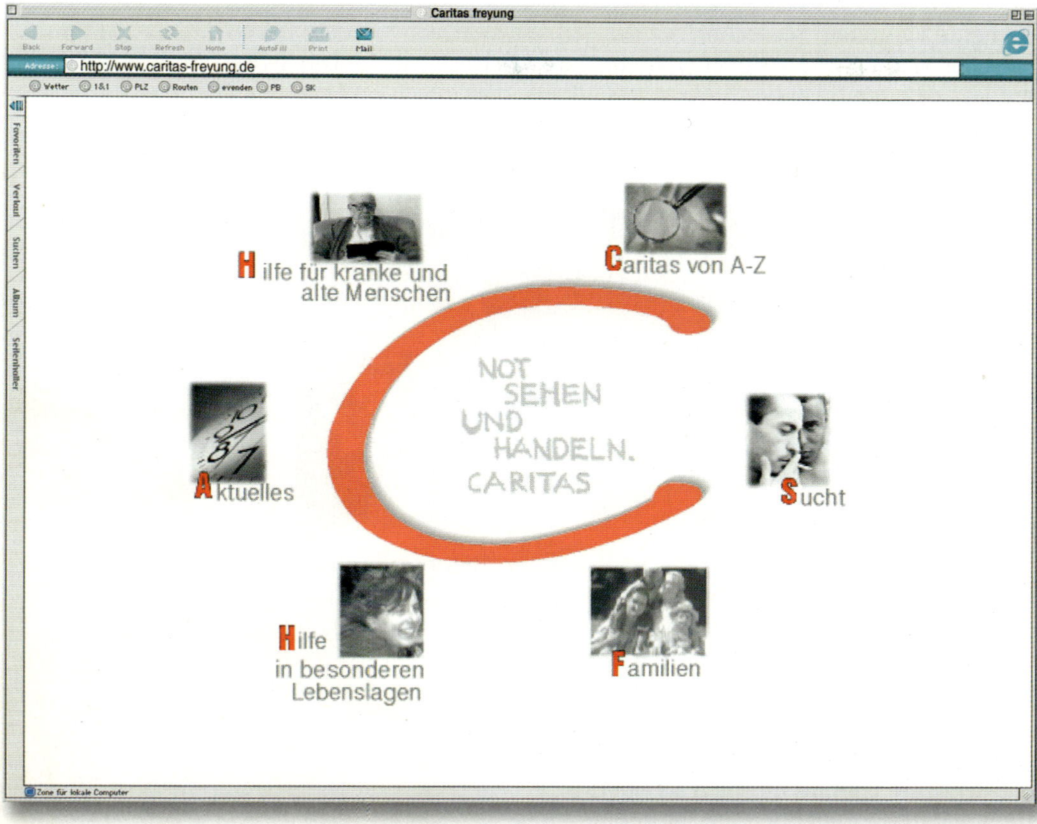

- Worin erkennt ihr bei der Internetseite des Caritasverbandes (www.caritas-freyung.de) einen Bezug zum Vorbild Jesu?

?!

Christsein realisiert sich in den unterschiedlichsten Samariterdiensten. Tagtäglich bemühen sich viele Menschen, dem Vorbild Jesu zu folgen und Kranke und Bedürftige wieder „aufzurichten". Sie tun dies berufsmäßig in großen Organisationen wie dem Deutschen Caritasverband oder in aller Stille zu Hause, bei der Pflege bettlägeriger Familienangehöriger oder bei regelmäßigen Besuchsdiensten in Krankenhäusern und Altenheimen, bei …

- Viele Hilfsangebote sind ohne ehrenamtlich engagierte Christen nicht denkbar. Erkundet die karitative Arbeit in euren Pfarreien!
- Führt nach Möglichkeit ein Interview mit jemand, der sich für karitative Anliegen engagiert! Vergesst dabei nicht, nach den Beweggründen für seinen Einsatz zu fragen!

?!

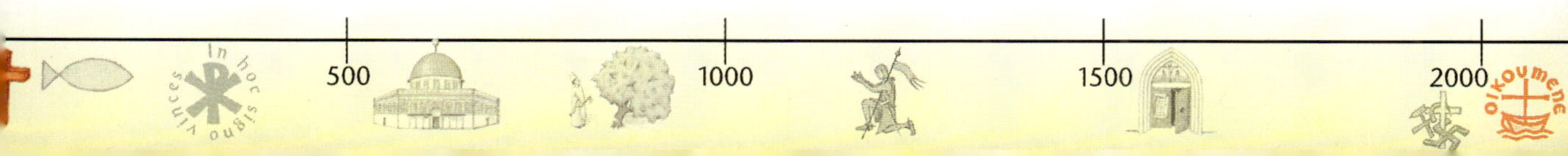

Bis heute versuchen Menschen auf der ganzen Welt, sich in ihrem Leben am Vorbild Jesu zu orientieren. Große Taten erscheinen in Zeitungen oder gar im Fernsehen. Weniger Aufmerksamkeit erhalten die vielen Helden des Alltags, die einfach im Stillen das Richtige tun.

Max Buchner: Ein Ministrantenleiter

Herr Buchner, Sie waren als Ministrant vor kurzem in Kanada?

Ja, etwas ungewöhnlich, ich war eingeladen, an dem diesmal in Kanada stattfindenden Weltjugendtreffen mit dem Papst teilzunehmen.

Welche Eindrücke nahmen Sie von dort mit?

Vor allem das Gemeinschaftserlebnis. Wir waren alle in Zelten untergebracht und trafen Jugendliche aus allen Kontinenten. Das war völlig unkompliziert, wir spielten miteinander Fußball und nahmen natürlich an allen Veranstaltungen teil.
Das schönste Erlebnis für mich als Ministrant war, als wir alle mit dem Papst eine Messe im Freien feierten.

Gibt es im Leben eines Ministranten immer solche Highlights?

Das sind schon Ausnahmen, aber andere Jugendliche treffen und vieles unternehmen, das gehört eigentlich immer dazu.

Welche Aufgaben haben Sie als Gruppenleiter und Ministrant überhaupt?

Mit der Zeit wächst das Aufgabenfeld.
Es umfasst vieles, vom Organisieren der Ministrantenschar bis hin zu Gruppenleiterstunden. Die Gruppenleiter sollen den Jüngeren das Ministrieren beibringen, danach kommen in den Gruppenstunden andere Themen hinzu, man erzählt von den Sakramenten oder spielt auch gern zusammen. Ich machte früher den Ministrantenplan – eine mühsame Aufgabe –, aber als „Autoritätspersonen" werden dazu eben die Älteren gebraucht. Außerdem gehöre ich der Leiterrunde an. Vom Ministrantenausflug bis zum Geburtstag des Pfarrers muss alles organisiert werden!

Was machen Sie dabei am liebsten?

Gruppenstunden halte ich sehr gern.
Man braucht halt ein Gefühl für die Kids, oft macht man auch Spiele oder wir besprechen etwas Aktuelles. Basteln ist ebenso möglich, wir machen ja keinen Unterricht. Anstrengend, aber schön ist das Sternsingen, wo wir den ganzen Tag von Haus zu Haus ziehen.
Ja, und sonntags spielen wir gern Fußball, auch an Turnieren nehmen wir teil.

Ist beim Ministrantendienst etwas beliebter als anderes?

Wer Weihrauch machen oder sogar Stab oder Mitra des Bischofs tragen darf, ist schon der King.

Wann haben Sie angefangen?

Angefangen habe ich in der 4. Klasse. Mit der Zeit hat es immer mehr Spaß gemacht, Verantwortung zu übernehmen.

Ministrant heißt übersetzt doch Messdiener – hat das wirklich mit einem Dienst zu tun?

Dienst – auf alle Fälle. Ich bekomme dafür ja kein Geld, ich helfe bei der Messfeier, das ist ein Dienst für Gott, aber ein Dienst, der Spaß macht!

?!

- Begründet, ob Max Buchner eurer Meinung nach ein „Held des Alltags" ist!
- Informiert euch gegenseitig über das Angebot an Jugendgruppen in euren Pfarreien!
- Im Internet findet ihr eine große Sammlung von Menschen, die sich mit großem Einsatz engagieren: http://www.ktf.uni-passau.de/institutionen/mendl/local_heroes/index.htm
  Informiert euch in Gruppen und stellt in der Klasse die beeindruckendsten Beispiele in Kurzreferaten vor!

Die Wenigs und der Mehrwert Menschlichkeit

Von Martin Wanninger

Ihren ersten Einsatz fürs Rote Kreuz meisterte Claudia Wenig, da hatte sie gerade mal sprechen gelernt. Bei einem Altennachmittag musste sie ein Gedicht aufsagen. Viele andere Gedichte und kleine Dienste bei Kursen, Feiern oder Sammlungen folgten – und obwohl Claudia jetzt erst 12 ist, ist regelmäßiges Engagement beim Roten Kreuz mittlerweile fester Bestandteil in ihrem Leben. Genauso, wie es zum Leben ihrer Familie gehört. So ist das eben in Eging (Landkreis Passau), wenn man Wenig heißt.

Wer von Claudia wissen will, wie viele Menschen in ihrer Verwandtschaft ehrenamtlich für die Organisation arbeiten, riskiert lange Aufzählungen: Ihre beiden älteren Geschwister natürlich und die Eltern, nicht zu vergessen der Opa. Dann fallen die Namen von diversen Onkeln, Tanten, Cousins und Cousinen. Kürzer geht es nur andersrum: Wer ist nicht dabei? „Eigentlich keiner", sagt Claudias Mutter Gabi. „Wer es mit den Wenigs zu tun bekommt, wird früher oder später auch Rotkreuz-Mitglied." Ehrenamtliches Engagement ist im Hause Wenig Ehrensache, wird quasi vererbt. Mittlerweile schon in der dritten Generation. „Das zieht sich wie ein roter Faden durch sämtliche Familienzweige."

Dieser Faden wurde vor beinahe 60 Jahren zu spinnen begonnen. Angefangen hat alles mit Claudias verstorbener Oma Maria, einer ungewöhnlich tatkräftigen Frau. Die war 1943 in das Rote Kreuz eingetreten, um die schlimmste Kriegsnot zu lindern. Ihrem Einsatzwillen konnte sich keiner entziehen – auch Heinz Wenig nicht, der sich nach dem Krieg in Eging niedergelassen hatte und Maria heiratete. So wurde auch Claudias Opa ein Rotkreuzler und nahm zusammen mit seiner Frau das Schicksal der Organisation in dem kleinen Ort in die Hand. Dass die beiden mit ihrer ehrenamtlichen Arbeit in den folgenden Jahrzehnten nicht nur unzähligen Menschen halfen, sondern auch ein ganz eigenes Familienkapitel aufschlugen, konnten sie damals noch nicht ahnen. Opa Heinz Wenig, der trotz seiner 81 Jahre in seiner Uniform immer noch stattlich aussieht, erinnert sich gut an die kargen Zeiten in den 50er-Jahren: Geld für ein Heim oder größere Ausrüstung war natürlich nicht da. „Unser Wohnhaus war die Zentrale", erzählt er. „Ob Tragen, Krücken, Verbände oder die Gewinne für den Glückshafen – bei uns im Keller wurde alles gelagert." Wer in Eging etwas vom Roten Kreuz brauchte, ging eben zur Familie Wenig.

50 Jahre später hat sich das nicht wesentlich geändert … „Es vergeht eigentlich kein Tag, an dem nicht irgendjemand wegen einer Rotkreuz-Sache vor der Tür steht oder anruft", sagt Gernot Wenig, Claudias Vater … „Einen ganzen Tag pro Woche arbeiten wir fürs Rote Kreuz", schätzen Gernot und Gabi Wenig. Ihr Engagement haben sie auch an ihre Kinder weitergegeben. Wie Claudia sind auch ihre älteren Geschwister Michael und Nicole mit dem Ehrenamt aufgewachsen. Und deren Freunde machen mittlerweile ebenfalls mit. „Die haben einfach gesehen, dass die Aktionen Spaß machen", sagt die 18-jährige Nicole.

Genauso würde sich der Passauer BRK-Kreisgeschäftsführer Bernhard Pappenberger das anderswo auch manchmal wünschen. „Von den Wenigs gibt's im wahrsten Sinne des Wortes zu wenig", klagt er. „Menschen für ehrenamtliche Tätigkeiten zu gewinnen, ist in den letzten Jahren immer schwieriger geworden." Dabei ist das Ehrenamt eine der wichtigsten Stützen für das Rote Kreuz überhaupt. Rund 40 000 Menschen engagieren sich in Ostbayern derzeit aktiv im Roten Kreuz. Aufgaben für sie gibt es mehr als genug: Bei der Wasserwacht, bei der Bergwacht, beim Jugendrotkreuz oder in den Bereitschaften – die Liste der Möglichkeiten ist lang, und jeder Bereich ist wichtig …

- Fasst das Engagement der Familie Wenig mit eigenen Worten zusammen!
- Wer von euch übt bereits wie Claudia soziale Dienste aus?
- Erkundigt euch, wo Kinder euren Alters bereits aktiv werden können! Genauere Informationen zu den Aufgaben des Roten Kreuzes findet ihr unter http://www.drk.de

?!

1. Verfasst Zeitungsberichte über Jesus mit all den Geschichten, die in den Augen vieler seiner Zeitgenossen Skandale waren! (Heilungen am Sabbat / Sünder / Zöllner ...)

2. Gestaltet eine Plakatwand unter der Überschrift „Die Welt des Jesus von Nazaret"!

3. Fragt eure Großeltern oder andere ältere Leute, wie sie früher Advent und Weihnachten gefeiert haben!

4. Sucht nach ansprechenden Weihnachtsgeschichten und lest sie in der Schule vor!

5. Überlegt für eine Adventfeier in der Schule oder in einem Verein einen sinnvollen Beitrag!

6. Findet selbst symbolhafte Zeichen für Weihnachten, die ihr basteln könnt!

7. Organisiert für Mitschüler, die bisher wenig mit ihrer Pfarrei zu tun hatten, einen „Schnuppertag" in einer Gruppenstunde!

8. Führt selbst ein Interview mit einem Gruppenleiter in eurer Pfarrei!

1. Lasst Personen aus den folgenden Textstellen den Satz vervollständigen:
   Jesus ist für mich …, denn er hat …!

   a) In der folgenden Zeit wanderte er von Stadt zu Stadt und von Dorf zu Dorf und verkündete das Evangelium vom Reich Gottes. Die Zwölf begleiteten ihn, außerdem einige Frauen, die er von bösen Geistern und von Krankheiten geheilt hatte … Sie alle unterstützten Jesus und die Jünger mit dem, was sie besaßen … (Lk 8,1-3)

   b) Alle Zöllner und Sünder kamen zu ihm, um ihn zu hören. Die Pharisäer und die Schriftgelehrten empörten sich darüber und sagten: *Er gibt sich mit Sündern ab und isst sogar mit ihnen.* (Lk 15,1-2)

   c) Da kamen viele Menschen und brachten Lahme, Krüppel, Blinde, Stumme und viele andere Kranke zu ihm; sie legten sie vor ihn hin, und er heilte sie. Als die Menschen sahen, dass Stumme plötzlich redeten, Krüppel gesund wurden, Lahme gehen und Blinde sehen konnten, waren sie erstaunt und priesen den Gott Israels. (Mt 15,30-31)

2. Was unterscheidet die Feier von Gedenktagen anderer großer Persönlichkeiten von der Feier des Weihnachtsfestes? Wo liegt der Grund für diese Unterschiede?

3. Wie stand Jesus wohl zu den folgenden Gruppen?

   Zeloten heißen übersetzt *Eiferer, Streber*. Sie sind Kämpfer für die gewaltsame Befreiung Israels von den Römern. Innerjüdisch verstehen sie sich als Wahrer des Gottesrechts und gehen hart gegen andere jüdische Strömungen, v. a. gegen die Pharisäer und Sadduzäer, vor.

   Die **Sadduzäer** gehören zur jüdischen Oberschicht und arbeiten eng mit der römischen Besatzungsmacht zusammen. Sie sind sehr wohlhabend und haben als Mitglieder des Hohen Rates große Macht. Als Priester sehen sie im Tempeldienst den Mittelpunkt des religiösen Lebens.

4. Wie heißen die drei Landesteile in Palästina?

5. Nenne fünf Städte oder Orte, in denen Jesus wirkte!

6. Erläutere selbst folgende religiösen Begriffe: rein – unrein, Sabbat, Levit, Gesetz Mose

7. Erläutere den Zusammenhang mit dem Weihnachtsevangelium des Lukas!

»Dieser Tag, der Geburtstag des Kaisers, hat der Welt ein anderes Gesicht gegeben. Sie wäre dem Untergang verfallen, wenn nicht in dem heute Geborenen für alle Menschen ein gemeinsames Heil aufgestrahlt wäre … Wer richtig urteilt, wird in diesem Geburtstag den Anfang des Lebens und der Lebenskräfte für sich erkennen. Es ist unmöglich, in gebührender Weise für so große Wohltaten zu danken, die dieser Tag uns gebracht hat. Die Vorsehung, die über allem Leben waltet, hat diesen Mann zum Heile der Menschen mit solchen Gaben erfüllt, dass er uns und den kommenden Geschlechtern als Heiland gesandt ist. Jedem Krieg wird er ein Ende setzen und alles herrlich machen. In seiner Erscheinung sind die Hoffnungen der Vorfahren erfüllt. Er hat nicht nur die früheren Wohltäter der Menschheit allesamt übertroffen, es ist unmöglich, dass je ein größerer käme. Mit dem Geburtstag des Gottes beginnt für die Welt das Evangelium, das sich mit seinem Namen verbindet.« *(alte lateinische Inschrift)*

V. Unsere Kirchen: „Ortszeichen" weltweiten Glaubens

ganz-
kurze
Predigt
Simultan-
anlage
KLIMA
ANLAGE
Nur neueste
Kirchenlieder
Parkplatz
am Hause
Garantiert
Sitzge-
legenheit
kein
Opfer-
zwang

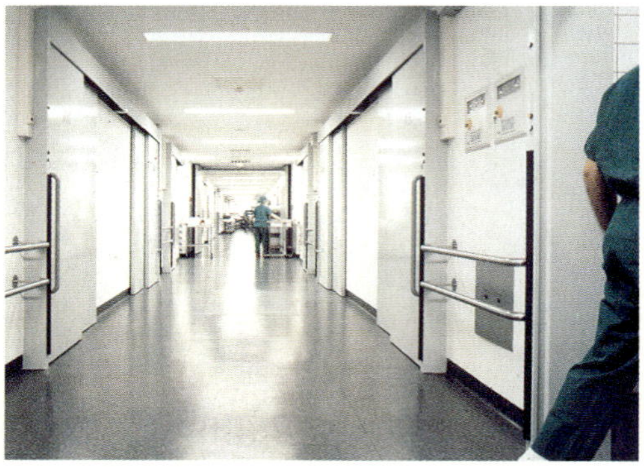

Kai: Meine kleine Schwester liegt mit Blinddarmentzündung im Krankenhaus. Heute Nachmittag muss ich sie besuchen.

Bernd: Das klingt ja nicht gerade begeistert. Freust du dich denn nicht, deine Schwester zu sehen?

Kai: Doch, eigentlich schon. Aber ich gehe so ungern in ein Krankenhaus. Da durchrieselt es mich immer ganz komisch!

?!

- Was könnten die Gründe für das Gefühl von Kai sein?

?!

- Sprecht über die Gefühle, welche die abgebildeten Gebäude bei euch auslösen, und sucht nach den Gründen!
- Stellt weitere Gebäude zusammen, die derartige positive oder negative Empfindungen auslösen können!

Unsere Kirchen sind Gebäude mit einer ganz besonderen Atmosphäre.

- Beschreibt diese Besonderheit!
- Diskutiert, inwieweit die Bilder zur Überschrift passen!
- Welche Kirche(n) habt ihr seit Beginn des Schuljahres besucht? Aus welchem Anlass wart ihr dort?
- Gibt es eine Kirche, in der ihr euch besonders wohl fühlt? Versucht eure Antwort zu begründen!

?!

Erschließung eines Kirchenraums

*Was einen Kirchenraum von anderen Räumen unterscheidet, muss man spüren und erleben. Für den gemeinsamen Besuch einer Kirche können euch die folgenden Anregungen bei der Vorbereitung (**V**) bzw. beim Besuch selbst (**B**) hilfreich sein.*

Leg deine Schuhe ab; denn der Ort, wo du stehst, ist heiliger Boden! (Ex 3,5)

1. Weil wir in einer Kirche Gott ganz nahe sein dürfen, bringen wir unsere Ehrfurcht vor diesem heiligen Ort schon rein äußerlich zum Ausdruck.

   V Überlege dir einen Ort oder einen Gegenstand, der dir zu Hause „heilig" ist! Welchen Umgang mit diesem „Heiligtum" erwartest du von anderen?

   V Besprecht, welche Verhaltensweisen ihr in einer Kirche für angemessen haltet! Was scheint euch eher unpassend zu sein?

2. Jede Kirche hat einen **Namen.**

   V Informiert euch über den Namenspatron „eurer" Kirche!

   B Sucht in der Kirche nach Darstellungen des Namenspatrons und versucht sie gemeinsam zu erklären!

3. Kirchenräume unterscheiden sich meist schon durch ihre **äußere Form.**

   B Fasst alle gemeinsam eine lange Schnur (mindestens 20 m) und stellt den Grundriss der Kirche mit eurer Menschenkette möglichst genau nach! Legt die Schnur dann so vorsichtig ab, dass die Form erhalten bleibt.
   Versucht, aus eurem „Schnur-Grundriss" manche Gedanken des Architekten zu ergründen!

4. Im Kirchenraum finden sich vielerlei **unterschiedliche Gegenstände.**

   B Sucht in der Kirche – jeder für sich alleine – nach einem markanten Teil der Innenausstattung, das ihr auf einem Plakatstreifen möglichst genau darstellt und an die richtige Stelle des „Schnur-Grundrisses" legt! Dabei wäre es schön, wenn jeder von euch etwas anderes auswählt!

5. Eine Kirche hat ihren eigenen, besonderen **Klang.**

   B Verteilt euch auf weit voneinander entfernte Sitzplätze und lauscht, wenn euer bester Leser von der Kanzel oder vom Ambo aus eine Bibelstelle vorträgt!

   B Teilt euch in vier Gruppen und singt an weit voneinander entfernten Stellen einen Kanon!

6. Meist findet man in der Kirche rasch einen Platz, an dem man sich besonders wohl fühlt.

   B Sucht unabhängig voneinander nach „eurem" Lieblingsplatz! Markiert ihn anschließend im „Schnur-Grundriss" mit einem persönlichen Gegenstand!

   B Tauscht euch darüber aus, warum ihr gerade diesen Platz zu eurem Lieblingsplatz gewählt habt!

7. Wirklich eröffnet sich eine Kirche nur dem, der sich selbst öffnet für die **Begegnung mit Gott.**

   B Geht nochmals in Ruhe zu eurem Lieblingsplatz und nehmt euch Zeit für ein stilles Gebet!
   Vielleicht gelingt es euch, die Kirchenerkundung mit einem gemeinsamen Gebet oder Lied zu beenden.

8. Besprecht, welche Schritte zur Erschließung eines Kirchenraums ihr in einer fremden Kirche auch alleine gehen könnt!

Patrozinium und Kirchweihfest

Es ist seit langem Brauch, eine Kirche unter den Schutz eines Kirchen**patrons** zu stellen.

Frühe Kirchen wurden oft über dem Grab eines **Märtyrers** errichtet und erhielten dann dessen Namen. Als im Lauf der Zeit immer mehr Kirchen gebraucht wurden, konnte man den Standort neuer Kirchen bald nicht mehr von der Lage einzelner Heiligengräber abhängig machen. Seit dieser Zeit errichtet man Kirchen auch fernab solcher Gräber und benennt sie nach dem Heiligen, dessen besonderen Schutz man für das Gotteshaus erhofft.

Um die enge Bindung zwischen einer Kirche und dem Grab eines Heiligen trotzdem zu wahren, geht man nun den umgekehrten Weg und bringt die Heiligen in die Kirchen.

Dies geschieht, indem man am Tag der Kirchenweihe nach Möglichkeit **Reliquien** eines Märtyrers oder eines anderen Heiligen feierlich im Altar beisetzt. Im Idealfall stammen diese Reliquien vom Schutzpatron der Kirche selbst.

Jedes Jahr nimmt die Gemeinde den Gedenktag ihres Kirchenpatrons zum Anlass, zu seinen Ehren ein Fest zu feiern. Dieses **Patrozinium** kann mit dem **Kirchweihfest** zusammenfallen, bei dem der Jahrestag der Kirchenweihe gefeiert wird. Dabei wird die kirchliche Feier oft mit einem Pfarrfest verbunden, das von Gruppen der Pfarrei gemeinsam gestaltet wird.

Am dritten Sonntag im Oktober wird ein allgemeines Kirchweihfest gefeiert.
Früher erstreckten sich bei diesem Fest, das bewusst zwei Wochen nach Erntedank angesetzt ist, Essen und Tanz oft über mehrere Tage.

Viele große Volksfeste unserer Zeit haben hier ihre Wurzeln.

?!

- Erkläre die Begriffe Patron, Märtyrer, Reliquien, Patrozinium und Kirchweihfest!
- Unter welcher Voraussetzung fallen Patrozinium und Kirchweihfest zusammen?
- Wann werden in euren Heimatpfarreien Patrozinium und Kirchweih gefeiert?
- Erkundigt euch, ob an euren Wohnorten Volksfeste im Kirchweihfest wurzeln! Falls ja: Ist dieser Bezug heute noch sichtbar?

Eva: Die Erkundung von St. Jakobus letzte Woche war wirklich toll, obwohl manches ganz schön komisch war.
Ruth: Was zum Beispiel?
Eva: Das Waschbecken, der Tresor, das Teelicht, …
Ruth: Hei, wovon redest du eigentlich? Willst du mich zum Narren halten?

- Wie könnte das Gespräch weitergegangen sein?

Manchen Kindern, aber auch Erwachsenen sind die Gegenstände im Innern einer katholischen Kirche ziemlich fremd.

- Hoffentlich wisst ihr Bescheid und könnt allen zwölf unten stehenden Begriffen das passende Bild der gegenüberliegenden Seite zuordnen!
- Wenn ihr die Bilder in der Reihenfolge der Begriffe geordnet habt, müsst ihr nur noch die Bedeutung des Lösungswortes erkunden! (Kleiner Tipp: Schülerbibliothek!)
- Fragt eure evangelischen Mitschüler nach Unterschieden zu ihrer Kirche und überprüft ihre Aussagen nach Möglichkeit „vor Ort"!

Vom Altar bis zum Weihwasserbecken – alles auf einen Blick

Im Blickpunkt der Kirche steht der **Altar**, auf dem in der Eucharistiefeier Brot und Wein in Leib und Blut Christi verwandelt werden.

Die **Altarkerzen** betonen die Feierlichkeit der Eucharistie und weisen darauf hin, dass Christus das wahre Licht der Welt ist.

Vom **Ambo**, einem erhöhten Lesepult, wird das Wort Gottes in Lesung, Evangelium und Predigt verkündet.

Der **Beichtstuhl** macht auf die Einladung zur Sündenvergebung im Sakrament der Buße aufmerksam.

Das **ewige Licht** zeigt, dass Christus selbst gegenwärtig ist unter der Gestalt der Hostien im Tabernakel.

Das **Kreuz**, das uns Tod und Auferstehung Jesu Christi in Erinnerung ruft, finden wir nicht nur am Altar.

Vor einer **Marien- oder Heiligenstatue** können wir besonderen Schutz erbitten.

Da wir durch die Taufe in die Kirche aufgenommen werden, stehen die **Taufbecken** oft in der Nähe des Eingangs.

Sitz- und Kniebänke helfen uns den Gottesdienst innerlich mitzufeiern.

Im **Tabernakel** wird die Eucharistie aufbewahrt. Da er das kostbarste Gut enthält, ist er besonders wertvoll gestaltet.

Das **Weihwasserbecken** lädt dazu ein, unsere Verbindung mit Gott, die in der Taufe begründet ist, bewusst zu bekunden.

Die **Osterkerze** kündet das ganze Jahr von der Gewissheit, dass wir nach dem Tod bei Gott weiterleben dürfen.

R

Y

E

I

E

M

U

S

T

R

P

B

- Zeichne einen Grundriss deiner Pfarrkirche und trage die Gegenstände im Innenraum an der richtigen Stelle ein!

Peters große Schwester Andrea hat in den Pfingstferien ihre russische Brieffreundin Luda zu Gast. Um der Besucherin etwas von Bayern zu zeigen, unternimmt die Familie ein umfangreiches Besichtigungsprogramm: Königsschlösser, Zugspitze, Tierpark Hellabrunn, Tegernsee, ... Nach diesem Stress beschließt man, einen Ruhetag einzulegen und zu den Großeltern in das nahe gelegene Städtchen Friedberg zu radeln.
Die Großeltern freuen sich sehr über diesen Besuch und zeigen Luda die Stadt.
„Schon wieder eine Besichtigung, und das am Ruhetag!", mault Peter.
Der Großvater weiß allerhand spannende Geschichten zu erzählen. Vom Folterturm und „Köpferhäuschen", von verheerenden Brandkatastrophen – auf einmal findet es auch Peter gar nicht mehr langweilig.
So hört er, als der Großvater vor der Stadtpfarrkirche zu erzählen beginnt, ganz interessiert zu:

Der Turm von St. Jakobus

„Diese Kirche hat schon viel erlebt. Schaut euch den Turm an: Er wurde nicht weniger als siebenmal zerstört!
Vom ältesten Turm, der im romanischen Stil erbaut war, wissen wir nicht mehr, wie er ausgesehen hat. Der spätere gotische Turm wurde dreimal von den Augsburgern und zweimal von rivalisierenden Fürsten niedergebrannt.
Im 16. Jahrhundert beschädigte eine große Feuersbrunst den Turm. Im Dreißigjährigen Krieg zerstörten Schweden und Franzosen die Kirche und den Turm.
Doch schon bald wurde die Kirche wiederaufgebaut.
Als es den Friedbergern wieder besser ging, wollten die reichen Uhrmacher einen höheren Kirchturm. Sie spendeten viel Geld und erhöhten den Turm um ein Drittel auf ungefähr 70 m Höhe. Oben drauf setzten sie nun eine runde, barocke Kuppel mit goldenem Kreuz.
Doch Übermut tut selten gut: Blitze schlugen in den neuen, hohen Turm ein, Herbststürme beschädigten ihn. Die alten, ausgeglühten Fundamente konnten das Gewicht nicht mehr tragen. Deshalb stürzte am Nachmittag des 2. März 1868, einem Montag, der Turm unter gewaltigem Getöse ein. Wie durch ein Wunder kam dabei niemand zu Schaden: 40 Buben, die kurz zuvor am Turm gespielt hatten, waren gerade einem betrunkenen Schneider nachgelaufen und die Fastenandacht begann erst später. Einen Tag früher wären um diese Zeit fast 2000 Menschen beim Gottesdienst verschüttet worden.
Nach diesem Unglück wurden Turm und Kirche in der heutigen Form im neuromanischen Stil wiederaufgebaut."
„Woher weißt du denn das alles so genau, Opa?", fragt Peter erstaunt.
Der Großvater lacht: *„Nun, ich wollte immer schon Bescheid wissen über meine Heimat. Dazu gehört natürlich auch die Kirche, in der ich getauft und gefirmt wurde. Es ist gar nicht schwer, der Vergangenheit auf die Spur zu kommen. Versuch es bei deiner eigenen Kirche doch selbst einmal!"*
„Wenn jemand mitmacht, sofort!" –
In Gedanken ist Peter schon auf Erkundungstour.

Historische Erkundung

Von einer Erkundung erhofft man sich Antworten auf konkrete Fragen. Beziehen sich diese Fragen auf Vorgänge, die schon längere Zeit zurückliegen, so handelt es sich um eine historische Erkundung.

Die Ergebnisse einer Erkundung sollen anderen zugänglich gemacht werden. Will man sich hierbei nicht blamieren, muss man bereits bei der Vorbereitung vieles bedenken. Peter hat dies beherzigt und sich Folgendes überlegt:

1. Was will ich erkunden?

a) Wie heißt meine Pfarrkirche, und warum heißt sie so?
b) Was kann ich über unseren Kirchenpatron in Erfahrung bringen?
c) Wessen Reliquien sind im Altar bestattet?
d) Wann wurde die Kirche erbaut, zerstört, erneuert, umgebaut?
e) In welchem Baustil ist die Kirche erbaut?
f) Wie viele Glocken gibt es? Wie groß bzw. schwer sind sie?
g) Wurden berühmte Personen hier getauft oder gefirmt? Welches ist das berühmteste Brautpaar, das hier geheiratet hat?
h) Sind in Verbindung mit unserer Kirche irgendwelche besonderen Vorkommnisse bekannt?

2. Wer oder was kann mir helfen?

Mama, Papa, Oma Traudl, Opa Lorenz, Pfarrer Lortzing, Gemeindereferentin Moosbacher, Mesner Böblinger, Kleine Baustilkunde (S. 120/121)

3. Wie organisiere ich meine Erkundung?

a) Mama, Papa, Oma, Opa möglichst bald befragen, Antworten aufschreiben
b) Prüfen, welche Fragen noch offen sind
c) Im Pfarramt anrufen und um einen Termin bitten
d) Fotoapparat nicht vergessen, neuen Film besorgen
e) Bisherige Erkenntnisse mit Pfarrer / Gemeindereferentin / Mesner besprechen, offene Fragen mit ihnen abklären, nach alten Bildern fragen
f) Ergebnisse auf Vollständigkeit überprüfen

4. Wie präsentiere ich meine Ergebnisse?

a) Großen Karton besorgen
b) Fotos auslegen, jeweils Beschriftung überlegen
c) Plakat sauber gestalten (aussagekräftige Bilder, knappe Erläuterungen, sinnvolle Reihenfolge – treffende Überschrift nicht vergessen!)

- Was wollt ihr von Peters Erkundungsplan übernehmen bzw. was wollt ihr zusätzlich aufnehmen? Erstellt einen eigenen Plan und geht auf Erkundungstour!

?!

900	1000	1100	1200	1300	1400
Romanik			Gotik		

Gernrode

Köln: Dom

Die romanische Kirche gleicht einer Burg mit starken Mauern.
Sie ist ein mächtiges Bollwerk, das im Krieg als Zufluchtsort diente. Rundbögen bestimmen das Erscheinungsbild: die langen, schmalen Fenster, die Türen, die Deckengewölbe – alles ist halbkreisförmig abgerundet.

vorherrschendes Glaubensgefühl: Glaube als Schutz und Sicherheit

Maria Laach

Gotik: Hohe Türme, schlanke Säulen sowie Spitzbögen an Fenstern, Türen und Deckengewölben ziehen den Blick nach oben, dem Himmel entgegen. Auch Altäre und Leuchter nehmen an dieser Aufwärtsbewegung teil. Farbige Glasfenster verändern das Licht, im Halbdunkel findet man Ruhe und Andacht.

vorherrschendes Glaubensgefühl: Sehnsucht nach dem Himmel

Nürnberg: Lorenzkirche

?!

- Im Internet findet ihr vielfältige Beispiele für alle hier beschriebenen Baustile. Wie wär's mit einem virtuellen Rundgang? Florenz, Rom, Paris – alles ist nur einen Mausklick von euch entfernt!

1500	1600	1700	1800	1900	2000
	B a r o c k / Rokoko			M o d e r n e	

Ottobeuern

Barockkirchen sind meist lichtdurchflutete, verschwenderisch ausgestattete Prunkräume. In riesigen Deckengemälden öffnet sich scheinbar der Himmel. Reicher Goldschmuck, Marmorsäulen, farbenfroher Stuck, Putten und Girlanden bilden eine prachtvolle Kulisse für die große Dankfeier in der Eucharistie.
Dem Barock folgte das heitere und verschnörkelte Rokoko.

vorherrschendes Glaubensgefühl: Jubel über die Herrlichkeit Gottes.

Vierzehnheiligen

Burg Feuerstein

Nach der Barockzeit wurden in der Kirchenbaukunst die traditionellen Stilformen nachgebaut, abgewandelt oder neu kombiniert.
So entstanden neuromanische, neugotische und neubarocke Kirchen, aber auch völlig neuartige Kirchenbauten.
Als die Zerstörungen des 2. Weltkrieges den Neubau vieler Kirchen erzwangen, wurden verstärkt moderne Stilmittel verwendet.

Das moderne Glaubensgefühl prägt Kirchen auf unterschiedliche Weise.

Ronchamp

- Wo sind in eurer Gegend Kirchen in den genannten Baustilen?
- Versucht, im Baustil einer modernen Kirche das darin zum Ausdruck gebrachte Glaubensgefühl zu erkennen!

?!

?!

- Wo gibt es in eurer Wohngegend überall solch religiöse Motive?
- Habt ihr Lust selbst auf Fotosafari zu gehen? Für eine Fotoausstellung ist sicher noch eine Ecke in eurem Klassenzimmer frei!

Hinter den vielen Heiligenfiguren, Wegkreuzen und Kapellen unserer Heimat steht meist ein ganz konkretes Glaubenszeugnis:
- ein Bauer, der um gute Ernte bittet,
- ein Soldat, der ein Gelübde einlöst,
- eine Mutter, die für die Genesung ihres Kindes dankt,
- eine Familie, die ihr Haus unter den Schutz der Gottesmutter stellt,
- ein wohlhabender Kaufmann, der sein Vermögen der Kirche vermacht,
- eine Berufsgruppe, die sich einem ganz bestimmten Heiligen als Schutzpatron unterstellt,
- eine Stadt, die das Ende einer großen Bedrohung wie Pest oder Belagerung feiert.

Man benötigt bisweilen detektivischen Spürsinn, wenn man heute noch Einzelheiten in Erfahrung bringen will. Leider kommt es auch vor, dass alles Forschen vergebens ist.
Gelangt man aber doch zum Ziel, erfährt man häufig erstaunliche Begebenheiten aus dem Alltagsleben unserer Vorfahren, wie das folgende Beispiel zeigt:

Eine kleine Kapelle in Bayern

Dort, wo die alte Salzstraße von München nach Augsburg am Lechübergang das bayerische Stammgebiet verließ, stand im 17. Jahrhundert nichts außer einer bayerischen Zollstation. In ihr tat der Zöllner Arnold Schwenkh seinen Dienst.

Der Weg bis zur nächstgelegenen Kirche war recht beschwerlich. Da Arnold Schwenkh ein frommer Mann war, suchte er nach einem näher gelegenen Gebetsplatz. Er fand ihn schließlich in einem hohen Alberstamm (Silberpappel), in den er eine kleine hölzerne Nachbildung der Madonna von Altötting stellte. Davor zimmerte er eine Kniebank, und schon konnte er zusammen mit seiner Frau beim Spaziergang zur Gottesmutter beten.

Die Eheleute blieben vor dem Marienbild nicht allein. Passanten sahen die Andachtsstätte, hielten an und beteten.
Als immer mehr Leute kamen, baute der fromme Zollbeamte eine hölzerne Kapelle. Mit zahlreichen Spenden konnte später sogar ein Kirchlein aus Stein errichtet werden – Maria Alber, eines der vielen Wallfahrtskirchlein in Bayern.

Als sich die Kapelle nach dem 2. Weltkrieg in einem schlechten Zustand befand, stellte sich die Frage, ob die alte Gebets- und Gnadenstätte erhalten bleiben sollte. Für die vielen Freunde von Maria Alber war die Antwort klar.

Und so steht dank deren großzügiger Unterstützung die völlig renovierte Kirche auch den Betern unserer Tage in altem Glanz zur Verfügung.

?!
- Sucht ein Wegkreuz, eine Heiligenfigur, eine Kapelle in eurer Umgebung und erkundet das ursprüngliche Glaubensanliegen!

Simone (S), Monika (Mo) und Markus (Mk) beobachten schon seit langem, wie in unmittelbarer Nähe ihres Wohngebiets eine Kirche gebaut wird. Da diese Kirche bald ihre neue Pfarrkirche sein wird, wollen sie genauer Bescheid wissen.
Pfarrer Siegel (Sg) gibt ihnen gern Auskunft:

S: Wie soll unsere neue Kirche denn eigentlich heißen?

Sg: Unsere Kirche heißt so wie unsere Pfarrei, die es ja schon einige Jahre gibt: „Maria unterm Kreuz"

Mo: Das ist aber ein seltsamer Name. Wieso gerade „Maria unterm Kreuz"?

Sg: Vor einigen Jahren musste unsere alte Pfarrei St. Ulrich geteilt werden, weil immer mehr Menschen nach Königsbrunn zogen. Für die neue Pfarrei gab es so viele Namensvorschläge, dass wir uns zu einer Art Volksabstimmung entschlossen. Dabei half uns unsere Tageszeitung:

Pfarrgemeinde auf Namenssuche

KÖNIGSBRUNN. Ein Name wird derzeit für die aus rund 4000 Gemeindemitgliedern bestehende Pfarrei Königsbrunn-West gesucht. Dazu veröffentlicht die AZ in Kurzfassung die Lebensläufe von 13 Heiligen, die in einem Vorentscheid ausgewählt worden sind.

Jeder sollte sich informieren können, und jedes Mitglied der neuen Pfarrei hatte bei der Schlussabstimmung Stimmrecht. „Maria unterm Kreuz" bekam schließlich die meisten Stimmen, weil der Name zugleich Programm ist: Wie Maria sollen und wollen auch wir trotz aller Schwierigkeiten in unserem Leben nicht von der Seite Jesu weichen.

Maria unterm Kreuz

Maria wird gerade in unserer bayerischen Heimat verehrt. Als mütterliche Heilige steht sie vielen recht nahe. Sie ist Jesus treu geblieben bis unter das Kreuz. Auch sie musste durch großes Leid hindurch. Maria, die unter dem Kreuz steht, kann uns zeigen, dass wir alles menschliche Leid und Elend auch von der Auferstehung her sehen dürfen. Unter dem Kreuz nimmt sie Johannes als ihren Sohn an: Sie überträgt die Liebe zu Jesus auf den Nächsten. Johannes nimmt sie als Mutter.
So ist Maria die Mutter aller, die zu Jesus stehen. Fest: 15. September

S: Wie viele Leute nahmen denn an dieser Schlussabstimmung teil?

Sg: Leider viel weniger, als ich gedacht hatte. Von den damals knapp 4000 Pfarrangehörigen kamen nur ungefähr 100, um über den Namen ihrer Pfarrei mitzubestimmen.

Mk: Interessierten sich nur so wenige Leute für die neue Pfarrei?

Sg: Das möchte ich so nicht sagen. Viele Gläubige setzten sich energisch für den Bau einer neuen Kirche ein. Obwohl wir nämlich jetzt eine Pfarrei mit eigenem Namen waren, hatten wir noch keine eigene Kirche. Bei unseren Gottesdiensten sind wir ja bis heute auf die Gastfreundschaft der evangelischen Nachbargemeinde angewiesen.

S: Was kostet denn das alles, und wer bezahlt das?

Sg: Die ganze Anlage mit Kirche, Pfarrzentrum und Pfarrhaus kostet ungefähr 7 Millionen Euro. Von den Baukosten übernimmt die Diözese Augsburg 90 %, den Rest müssen wir selber aufbringen. Deshalb haben wir einen Kirchenbauverein gegründet, dessen Mitglieder monatlich einen bestimmten Beitrag leisten. Dazu kommen Spenden, Basare, Sammelaktionen und vieles mehr.

Mk: Und wer hat bestimmt, wie die Kirche aussehen soll?

Sg: In einem Wettbewerb sollten Architekten eine Kirche entwerfen, die in die heutige Zeit passt. Ein unabhängiges Preisgericht bestimmte dann den Sieger.

Mo: Wie sollte Ihrer Meinung nach eine moderne Kirche aussehen?

Sg: Da das Kirchengebäude das Wesen der Kirche selbst erfahrbar machen soll, hatten wir uns folgende Punkte überlegt:
Eine Kirche, die schon von weitem als Zeichen der Anwesenheit Gottes in der Welt und als Mittelpunkt der christlichen Gemeinde erkennbar sein will, braucht einen Turm.
Priester und Gläubige bilden eine Gemeinschaft. Während der Eucharistiefeier sollen alle um den Altar versammelt sein, einander ins Auge sehen können und dabei spüren, dass sie zusammen als Volk Gottes gemeinsam auf dem Weg sind.
In der Kirche muss Gelegenheit zu stiller Anbetung und Besinnung, zu Meditation über das Geheimnis unseres Glaubens sein. Deshalb dürfen auch Altar, Tabernakel, Ambo, Taufstein und Osterkerze einander nicht verdecken. Sie sollen von allen Plätzen aus gut sichtbar sein und so die Besinnung auf die mit ihnen zum Ausdruck gebrachten Glaubensinhalte anregen.
Weil wir uns Gemeindeleben in der Nachfolge Jesu ohne Kinder, ohne Kranke und Behinderte und ohne lebendige Begegnung nicht vorstellen können, sollen freie Räume für Kinderwägen, Rollstühle, aber auch für Aktionen des Gemeindelebens zur Verfügung stehen.

Am 28.11.1993 wurde die Kirche „Maria unterm Kreuz" von Bischof Viktor Josef Dammertz feierlich eingeweiht (Vgl. S.115 Kirchweih!)

?!

- Stellt euch vor, ihr hättet an dem Architektenwettbewerb teilgenommen. Welche zusätzlichen Überlegungen hättet ihr angestellt? Wie hätte euer Entwurf ausgesehen? Fertigt eine Skizze oder ein Modell eurer „Traumkirche"!
- Stellt ein unabhängiges Preisgericht zusammen (z. B. Kunstlehrer, Religionslehrer und Schüler der Parallelklasse) und ermittelt die drei ersten Plätze!

Kirchen im Mittelpunkt

Diese Karte zeigt Wallfahrtsorte und Klöster in Bayern, die jedes Jahr von vielen Menschen aufgesucht werden.

?!

- Sucht nach euch bekannten Orten und überprüft, ob es in eurer Nähe Wallfahrtsorte oder Klöster gibt, die nicht in dieser Karte eingezeichnet sind!
- Stellt Gründe für die Anziehungskraft solcher Orte zusammen!

An Orten mit solch besonderer religiöser Ausstrahlung steht fast immer die Kirche im Mittelpunkt des Geschehens.

?!

- Warum ist das so?
- Welche Wallfahrts- oder Klosterkirchen kennt ihr?

Kirchen an Mittelpunkten christlicher Gemeinschaften finden wir nicht nur an besonderen Orten, sondern überall.

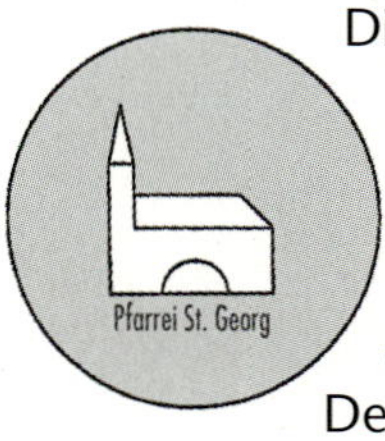

Die kleinste rechtlich selbstständige Gemeinschaft von Gläubigen ist die **Pfarrei**. Sie wird im Auftrag des Bischofs von einem Pfarrer geleitet. Der Pfarrgemeinderat unterstützt den Pfarrer bei seiner Arbeit. Die Pfarrkirche (zum Thema „Kirchenpatron" → S. 125) steht im Zentrum des Gemeindelebens.

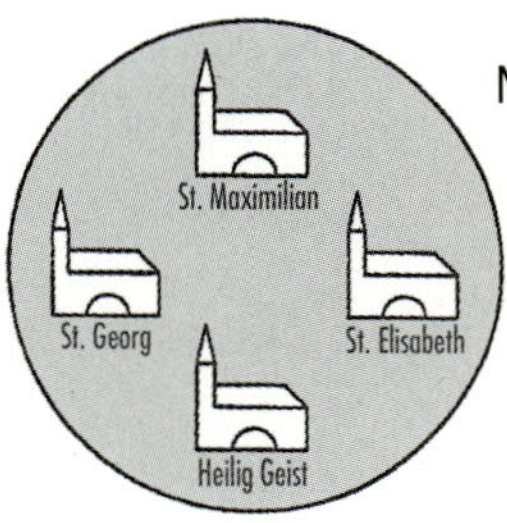

Mehrere Nachbarpfarreien bilden zusammen ein **Dekanat**.

Die einzelnen Dekanate sind in einem **Bistum (Diözese)** zusammengeschlossen. Dieses wird von einem Bischof geleitet. Kirchlicher Mittelpunkt der Diözese ist natürlich wieder eine Kirche, die Bischofskirche, der Dom.

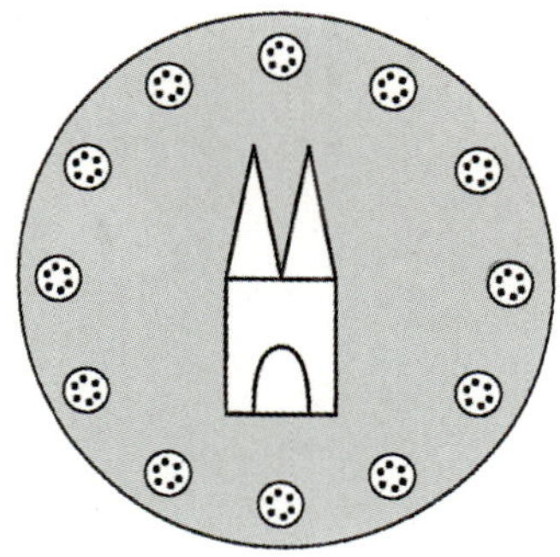

- Welche anderen Pfarreien gehören noch zu eurem Dekanat oder euren Dekanaten?

?!

Wie die Karte auf der linken Seite zeigt, gibt es in Bayern insgesamt sieben Diözesen. (Vergleiche die dir aus dem Erdkundeunterricht bekannte politische Einteilung Bayerns in Regierungsbezirke!)

- Zu welchem Bistum gehört ihr?
- Erkennt ihr „euren" Dom? Wem ist er geweiht?
- Wer von euch war schon im Dom eurer Diözese? Aus welchem Anlass?

?!

Im Zentrum der Weltkirche: Der Petersdom

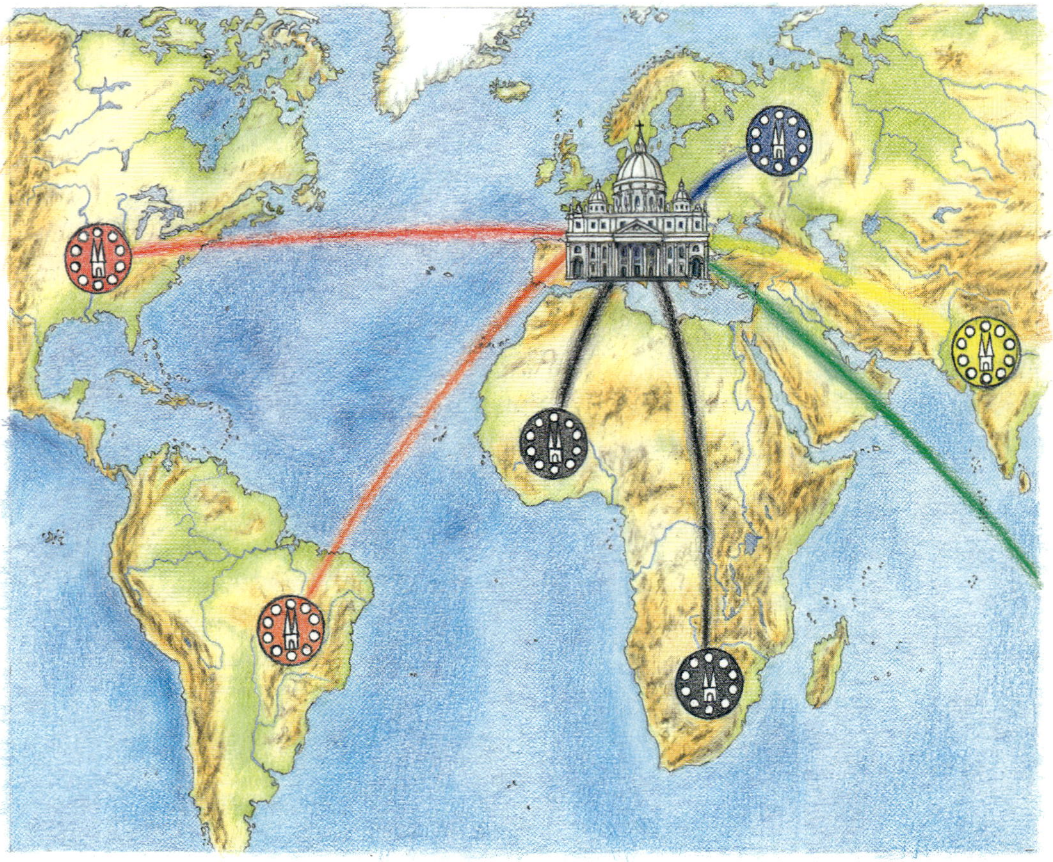

„Kirche" nennen wir nicht nur die Gebäude, in denen wir unsere Gottesdienste und kirchlichen Feste feiern. Unter „Kirche" verstehen wir auch die aus vielen Millionen Menschen bestehende Gemeinschaft, die als Volk Gottes fortsetzt, was Christus begonnen hat. Er ist ihr Haupt, sie ist sein Leib, wir alle sind seine Glieder.

In Rom erhebt sich über der Stelle, wo in einem Gräberfeld für arme Leute seit frühester Zeit das Grab des Apostels Petrus verehrt wird, die größte Kirche der Welt, der Petersdom (→ S. 129).

Der Name Petrus kommt aus dem Griechischen und bedeutet „Fels". Jesus hatte seinen Apostel Simon so genannt: „Du bist Petrus und auf diesen Felsen werde ich meine Kirche bauen …" (Mt 16,18)

Petrus starb in Rom den Märtyrertod. In seiner Nachfolge steht der Bischof von Rom als Papst an der Spitze der Kirche.

?!

- Interpretiert gemeinsam die Zeichnung!
- In welchem Sinn wird das Wort „Kirche" in Mt 16,18 verwendet?
- Was wisst ihr vom derzeitigen Papst? (Name, Herkunft, ...)
- War jemand von euch schon einmal im Petersdom? Wie wär's mit einem gemeinsamen virtuellen Rundgang?

Bereits im 2. Jahrhundert n. Chr. hatten Christen in Rom über dem Grab des Apostels ein einfaches Monument errichtet. Um das Jahr 320 n. Chr. überbaute Kaiser Konstantin, der erste christliche Kaiser, dieses Grabmal mit einer gewaltigen Basilika. Der Ort war jedoch wegen seiner Hanglage am vatikanischen Hügel für einen solchen Kolossalbau denkbar ungeeignet: 40 000 m³ Erde mussten bewegt werden, bevor das alte Gräberfeld eingeebnet war, bis zu 10 m hohe Stützmauern waren nötig, um die Hanglage auszugleichen.

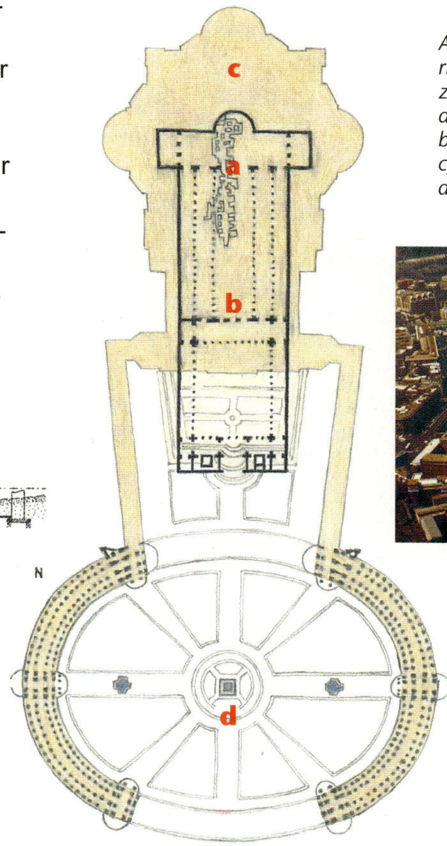

Auf der Zeichnung ist der Grundriss des Petersdoms zu sehen:
a) Gräberfeld
b) Alte Peterskirche
c) Petersdom
d) Petersplatz, von Säulenreihen umgeben

Die Peterskirche wurde auf dem Abhang eines Hügels gebaut. Dafür benötigte man große Pfeiler.

Während in den meisten Kirchen der Welt der Altar im Osten steht, damit Christus, das Licht der Welt, in Richtung der aufgehenden Sonne angebetet werden kann, musste die Peterskirche wegen der Lage des Grabmals am Hügel nach Westen ausgerichtet werden. Doch obwohl man alle diese Schwierigkeiten bei einer Verlagerung des Bauplatzes um wenige Hundert Meter hätte vermeiden können, ließ der Kaiser seine Kirche aus Ehrfurcht vor dem Hl. Petrus genau über dessen Grab errichten.

Im 16. Jh. wurde die mittlerweile baufällig gewordene Basilika durch den heutigen Petersdom ersetzt. In seinem Zentrum befindet sich der Papstaltar, genau über dem Grabmal des Hl. Petrus.

„Lasst euch als lebendige Steine zu einem geistigen Haus aufbauen …“

(1 Petr 2,5)

Die Kirche wandte sich von Anfang an nicht nur einer bestimmten Gruppe oder einem einzelnen Volk zu, sondern allen Menschen, die ihr Leben an Jesus Christus ausrichten wollten. Sie wurde deshalb schon bald **„katholisch“** genannt. Dieser Begriff kommt aus dem Griechischen und heißt wörtlich übersetzt „alle betreffend, allgemein“.
Zur besseren Unterscheidung grenzt der Begriff „römisch-katholisch“ unsere Kirche mit dem Papst in Rom an der Spitze von den anderen christlichen Kirchen und Glaubensgemeinschaften ab.

?!

- Der 1. Petrusbrief gehört zu den katholischen Briefen des Neuen Testaments. Überlege, was man wohl unter einem „katholischen“ Brief versteht!
- Erkläre unter Zuhilfenahme der Bilder den Begriff „lebendiger Stein“!
- Im Bild sind auch „tote“ Steine. Wer könnte sie mit Leben füllen? Sucht nach Beispielen und überlegt, wo ihr selber „lebendige Steine“ sein könnt!

1. Sammelt Bilder, Prospekte, Texte und Lieder von den Erkundungen, die ihr in der Klasse gemacht habt (Heimatkirche, Kapelle, Wegkreuz), in einem gemeinsamen Heft oder Ordner!
2. Wahrscheinlich seid ihr in verschiedenen Gruppen auf Erkundungstour gegangen. Es wäre prima, wenn ihr eine Möglichkeit finden würdet, jedem Einzelnen von euch alle Ergebnisse mit nach Hause zu geben!
3. Falls ihr noch einen Wandertag vor euch habt, könnt ihr auch ein Ziel in eure Überlegungen einbeziehen, das (kirchen-)geschichtlich interessant ist! Der Freizeitspaß muss deshalb nicht zu kurz kommen!
4. Wart ihr schon einmal in eurer Bischofskirche? Wenn nicht, dann solltet ihr euch bald einmal einen Ausflug dorthin vornehmen.
5. Falls es sich von der Schule aus nicht machen lässt – eure Eltern machen sicher auch mal gerne einen Ausflug in die „Bischofsstadt"!

6. Schreibt zu einem der oben abgebildeten sichtbaren Glaubenszeugnisse eine (nachvollziehbare Phantasie-) Hintergrundsgeschichte!

1. Zeichnet in Gruppen jeweils zwei Piktogramme: eines, das zum Besuch einer Kirche einlädt, und eines, das zeigt, was man in einer Kirche auf keinen Fall machen sollte!
   Stellt eure Ergebnisse der ganzen Klasse vor und sprecht dabei nochmals über die besondere Atmosphäre eines Kirchenraumes und das dort angemessene Verhalten!

2. Nennt möglichst viele Teile der Innenausstattung einer katholischen Kirche!
   Welche dieser Einrichtungsgegenstände sucht man in einer evangelischen Kirche üblicherweise vergebens?

3. Ordnet die beiden Altäre jeweils einer Stilrichtung zu und begründet eure Zuordnung!

4. Ordnet eure Heimatpfarreien nach verschiedenen Kriterien, z. B. nach dem Alter der Pfarrkirche, alphabetisch nach dem Namen des Kirchenpatrons, nach der Feier des Patroziniums, …

5. Diskutiert darüber, welche der Geschichten, die hinter den sichtbaren Glaubenszeugnissen eurer engeren Umgebung stehen, euch am meisten angesprochen haben!

6. Aus wie vielen Dekanaten kommt ihr?
   Wie weit ist die zuständige Bischofskirche von eurem Schul- bzw. Wohnort entfernt?

7. Warum residiert der Papst in Rom? Welche Gründe mag es wohl dafür geben, dass der Petersdom die größte Kirche der Welt ist?

8. In der ausführlichen Fassung des Glaubensbekenntnisses beten wir: „Ich glaube an die eine, heilige, **katholische und apostolische** Kirche."
   Erkläre den Sinn der fett gedruckten Worte so, dass ihn ein Erstkommunionkind verstehen kann!

Abraham	Wörtlich übersetzt: *Vater der Menge;* in den drei Weltreligionen Judentum, Christentum, Islam als Stammvater des Glaubens verehrt
Altar	Tisch, auf dem in der Eucharistiefeier Brot und Wein in Leib und Blut Christi verwandelt werden; Symbol für die Gegenwart Christi im Zentrum der Eucharistiegemeinschaft
Altes Testament	Bezeichnung für die 46 Schriften der hebräischen bzw. jüdischen Bibel, eingeteilt in: Geschichtliche Bücher – Gebete und Weisheitsbücher – Prophetische Bücher
Ambo	kanzelartiges Lesepult
Apostel	1. die zwölf von Jesus ausgewählten Jünger 2. Ehrenname für bedeutende Missionare
Armenbibel	Für Menschen, die nicht lesen konnten, in Büchern oder Kirchen gemalte Szenen aus der Heiligen Schrift
Babylon	Hauptstadt eines antiken Großreiches an den Flüssen Euphrat und Tigris; Verbannungsort der Bewohner Judas nach der Zerstörung Jerusalems 586 v. Chr.
Barock	Kunstepoche hauptsächlich des 17. und beginnenden 18. Jahrhunderts
Benjamin	Zweiter Sohn von Jakob und seiner Lieblingsfrau Rahel, die bei seiner Geburt starb; jüngster der zwölf Söhne Jakobs
Berufung	Gottes Ruf, durch den Menschen mit besonderen Aufgaben betraut werden
Bet-El	Hebräisch: *Haus Gottes*; von Jakob nach seinem Traum von der „Himmelsleiter" begründetes Heiligtum
Betlehem	Ort in Palästina, 10 km südlich von Jerusalem, Heimat Davids und nach den Evangelisten Matthäus und Lukas Geburtsort Jesu
Bibel	Von griechisch „ta biblia": *die Schriftrollen, Bücher*; Bezeichnung für die Gesamtheit der Schriften des AT und NT
Bistum	s. Diözese
Bundesgott	Ausdruck dafür, dass Gott sich Abraham aus freien Stücken zuwandte und einen Bund mit ihm schloss
Codex	Frühere Buchform; in der Mitte zusammengenähte und zwischen zwei Deckel gelegte Papyrus- oder Pergamentblätter
Dämonen	In manchen Weltbildern werden Wesen zwischen Göttern und Menschen angenommen, die auf das menschliche Schicksal im Guten oder Bösen einwirken können.
David	Israelitischer König von 1000–961 v. Chr.; Begründer des Reiches Israel, dessen Regierungszeit als goldenes Zeitalter gilt
Dekanat	Zusammenschluss mehrerer Nachbarpfarreien
Diözese (Bistum)	Amtsbezirk eines katholischen Bischofs
Edda	Hauptsächlich aus der Wikingerzeit stammende Sammlung germanischer Helden- und Göttersagen

Elija	Israelitischer Prophet (9. Jh. v. Chr.), der gegen den Glauben an fremde Götter kämpfte
Engel	Griechisch: *Bote*; Überbringer göttlicher Botschaften, welche Gottes Herrlichkeit und Heiligkeit veranschaulichen
Esau	Sohn von Isaak und Rebekka, älterer Zwillingsbruder Jakobs
Esséner	Jüdische Religionsgruppe
Evangelium	Griechisch: *Frohe Botschaft* 1. eine die ganze Welt angehende gute Nachricht 2. Bezeichnung der neutestamentlichen Erzählungen über das Wirken Jesu
Ewiges Licht	Zeichen für die Anwesenheit Christi unter der Gestalt der Hostien im Tabernakel
Galiläa	Landschaft, die zum Teil Nordisrael, zum Teil Syrien zugehört und in der Jesus aufwuchs
Genesis (Gen)	Griechisch: *Entstehung;* Bezeichnung für das erste Buch der Bibel, das von der Entstehung der Welt, der Menschheit und des Volkes Israel handelt
Gesetzeslehrer	Schriftgelehrte, welche das jüdische Gesetz auslegen und „Rabbi" (Meister/Lehrer) genannt werden
Gotik	Stilepoche der mittelalterlichen Kunst (ca. 1140–1450 n. Chr.); alles strebt nach oben, dem Himmel entgegen
Gotteslob	Gebet- und Gesangbuch der katholischen Kirche
Hebräer	Andere Bezeichnung für „Israelit", die besonders zur Abgrenzung von Menschen nichtisraelitischer Herkunft verwendet wird
Heiliger	Mensch, der besonders gottgefällig gelebt hat und nach seiner offiziellen Heiligsprechung durch den Papst in der ganzen Kirche als Fürsprecher bei Gott verehrt werden kann
Hostie	Scheibenförmige Oblate aus ungesäuertem Weizenbrot, die in der Eucharistiefeier in den Leib Christi verwandelt wird
Isaak	Sohn Abrahams und Saras, Vater von Esau und Jakob
Israel	1. Beiname des Patriarchen Jakob 2. Bezeichnung für das ganze von Jakob abstammende Volk
Jakob	Sohn von Isaak und Rebekka, jüngerer Zwillingsbruder Esaus; erhält bei seinem nächtlichen Kampf den Beinamen „Israel" („Gottesstreiter")
Jerusalem	Politisches und religiöses Zentrum Israels mit Königsburg und Tempel
Josef	Erster Sohn von Jakob und seiner Lieblingsfrau Rahel; zweitjüngster der zwölf Söhne Jakobs
Jüdisches Gesetz	In den fünf Büchern Mose enthaltene göttliche Weisungen, die helfen sollen, den Bund zwischen Gott und den Menschen im Lebensalltag umzusetzen

Kanaan	Land zwischen Mittelmeer und syrischer Wüste, seit der Besatzungszeit der Römer auch Palästina genannt
Katholisch	Wörtlich *alle betreffend, allgemein;* Kennzeichen der Kirche Christi, die sich an alle Menschen richtet
Kirche	1. Gemeinschaft, die als Volk Gottes und Leib Christi fortsetzt, was Christus, ihr Haupt, begonnen hat 2. Gebäude zur Feier von Gottesdiensten
Kirchweih	Jährliches Fest zur Erinnerung an die Weihe der Kirche, oft in enger Verbindung mit einem Volksfest
Koran	Das heilige Buch des Islam, das die Offenbarung enthält, die der Prophet Mohammed vom Erzengel Gabriel erhalten haben soll
Kreuzweg	Nachvollzug des Leidenswegs Jesu in 14 Stationen
Kreuzzeichen	„Im Namen des Vaters und des Sohnes und des Heiligen Geistes": Kurzform des christlichen Glaubensbekenntnisses
Lea	Ältere Schwester Rahels; Frau Jakobs, Mutter von sechs Söhnen und einer Tochter
Lektor	Lateinisch: *Leser, Vorleser*; Person, die im Wortgottesdienst der Heiligen Messe die Lesung(en) vorträgt
Levit	Bezeichnung für israelitische Priester, die alle aus dem Stamm Levi sein mussten
Märtyrer	Wörtlich *Zeuge*; jemand, der um seines Glaubens willen Verfolgung oder Tod erleidet (Blutzeuge)
Meditation	Geistige Sammlung durch Besinnung und Konzentration
Messias	Im Volk Israel als König des endzeitlichen Gottesreiches herbeigesehnter Herrscher aus dem Hause Davids
Mythos	Meist uralte Erzählform, welche die großen Fragen der Menschheit mit Hilfe von Göttern und Heldengestalten zu erklären versucht
Namenstag	Gedenktag des Namenspatrons im Heiligenkalender
Nazaret	Stadt in Galiläa, in der Jesus seine Kindheit verlebte
Neues Testament (NT)	Zusammen mit dem Alten Testament die Heilige Schrift der Christen; 27 Schriften, eingeteilt in: Evangelien und Apostelgeschichte – Briefe – Offenbarung des Johannes
Offenbarung	1. Göttliche Mitteilung; zeigt, wer Gott ist und was er von den Menschen erwartet 2. Name des letzten Buches der Bibel
Olymp	Knapp 3000 m hoher Berg in Griechenland, der in der Antike als Sitz der Götter galt
Orakel	Zukunftsdeutung mit Hilfe göttlicher Zeichen und Sprüche
Osterkerze	Große, meist geschmückte Kerze, die in der Osternacht als Symbol des auferstandenen Christus erstmals entzündet wird

Palästina	Historische Landschaft an der Ostküste des Mittelmeeres, spätere Bezeichnung für das Gelobte Land Kanaan
Papyrus	Antikes Schreibmaterial, gefertigt aus dünnen Streifen des Marks der Papyrusstaude
Patriarch	Griechisch: *Stammvater*; in der Bibel Bezeichnung der Stammväter Israels: Abraham, Isaak, Jakob und dessen Söhne
Patron	Heiliger, der als Beschützer und Fürsprecher einzelner Länder, Orte, Kirchen, Berufe, u. a. verehrt wird
Patrozinium	1. Schutzherrschaft eines Heiligen (Patron) über die ihm geweihte Kirche 2. Jährliches Fest zu Ehren des Kirchenpatrons
Paulus	Apostel, der durch ausgedehnte Reisen und Briefe in besonderer Weise den christlichen Glauben verbreitete
Pergament	Früheres Schreibmaterial aus speziell präpariertem Leder
Petersdom	Größte Kirche der Welt, errichtet über dem Grab des Apostels Petrus in Rom
Petrus	Griechisch: *Fels*; Beiname, den Jesus seinem Apostel Simon gab
Pfarrei	Kleinste rechtlich selbstständige Gemeinschaft von Gläubigen, im Auftrag des Bischofs von einem Pfarrer geleitet
Pfarrgemeinderat	Von den Gemeindemitgliedern gewähltes Gremium zur Unterstützung der Seelsorgearbeit der Geistlichen
Pharao	Ägyptisch: *das große Haus;* Titel ägyptischer Herrscher
Pharisäer	Fromme Gruppe von Juden, welche die Gesetze des Mose genau beachteten
Presbyterium	Hochaltarraum
Psalmen	Alttestamentliche Sammlung von 150 religiösen Liedern aus dem 11. – 3. Jh. v. Chr., bestehend vor allem aus Lobliedern, Dankliedern und Klageliedern
Qumran	Hauptsiedlung der Essener im jüdischen Bergland nahe bei Jericho; Fundort der ältesten bis heute bekannten Bibelhandschriften
Rahel	Jüngere Schwester von Lea; Lieblingsfrau Jakobs; Mutter von Josef und Benjamin, bei dessen Geburt sie starb
Rebekka	Frau von Isaak; Mutter von Esau und Jakob
Reinheitsgebote	Religiöse Anweisungen, die eine geistig-seelische Beschmutzung des Menschen verhindern wollen
Reliquie	Lateinisch: *Überrest*; Gegenstand, der in enger Verbindung zu einem Heiligen steht und deshalb Verehrung genießt
Rokoko	anmutig verspielte Auflösung des Barockstils (ca. 1720–1780 n. Chr.)
Romanik	Kunstepoche des frühen Mittelalters (ca. 950–1250 n. Chr.); Glaube als Schutz und Sicherheit
Römisch-katholisch	Abgrenzung unserer Kirche mit dem Papst in Rom an der Spitze von anderen christlichen Kirchen und Glaubensgemeinschaften
Sabbat	Der siebte Tag der jüdischen Woche, von Freitag Abend bis Samstag Abend; strenger Ruhetag

Sadduzäer	Mitglieder der jüdischen Oberschicht mit großem politischem Einfluss; entscheidende Kraft im Hohen Rat, Leiter der Tempeldienste in Jerusalem
Salomo	Sohn Davids; israelitischer König von 961 bis 931 v. Chr.; Erbauer des ersten Tempels in Jerusalem
Samaria	Landschaft in Mittelpalästina mit eigenem, von den Juden als unrein angesehenem Tempel und Kult
Sara	Frau Abrahams
Schriftrolle	Antike Buchform, gefertigt aus aneinander geklebten Papyrusblättern mit Stäben zum Abwickeln am Anfang und Ende
Stammvater	Gründer einer Sippe mit Vorbildcharakter
Sure	Abschnitt des Korans
Tabernakel	Aufbewahrungsort für die zum Verzehr bestimmte Eucharistie, deshalb meist aus besonders wertvollem Material kunstvoll gestaltet
Testament	Lateinisch „testamentum“: *Verfügung, Vertrag, Bund;* das AT beinhaltet den Bund Gottes mit dem Volk Israel, das NT handelt vom neuen Bund durch Jesus für alle Menschen
Totengericht	Nach Vorstellung vieler Religionen Vollzug der göttlichen Gerechtigkeit nach dem Tod oder am Ende der Zeiten
Wort Gottes	Bezeichnung für den Inhalt der Bibel, die Gottes Wort im von Gott angeregten („inspirierten“) Sprechen von Menschen enthält
Zeloten	Wörtlich *Eiferer, Streber:* radikale jüdische Gruppe, die gewaltsam für die Befreiung Israels von den Römern kämpfte und innerjüdisch vor allem die Pharisäer und Sadduzäer bekämpfte

S. 6/7: Foto Pausenhof: Elisabeth Birzele; Foto Schulgemeinschaft: Klaus Kerner; Foto Klassenzimmer: Christian Dobmeier; Foto Spinnennetzspiel: Hauptschule Neustift, Österreich; Foto Meditationsraum: Archiv; Tonfigur: © 1963/1979 Verlag Brendow & Söhne; Foto Pflanze: MEV-Verlag; Zeichnung Fisch aus Leo Lionni: Swimmy. Middelhauve in der Verlagsgruppe Beltz, Weinheim und Basel
S. 8: Fotos: Christian Dobmeier; Fotos Mädchen (2x): Elisabeth Birzele
S. 9: Fotos (6x): Herbert Birzele
S. 10: Foto Haar: Elektronenmikroskopisches Labor der Bauhaus-Universität Weimar; Foto Regenbogenhaut: © ZEFA (D. Cooper)
S. 13: Die Mantelgabe des Hl. Martin: 15. Jahrhundert, Diözesanmuseum Rottenburg; Jan van Eyck: Die Hl. Barbara (1437), Koninklijk Museum voor Schone Kunsten, Antwerpen; Tintoretto: Der Hl. Nikolaus (1567), Kunsthistorisches Museum, Wien
S. 14: Foto Junge: Herbert Birzele
S. 15: Fotos: Christian Dobmeier
S. 16: Fotos: Christian Dobmeier
S. 17: Paulus: Medaillon aus der erzbischöflichen Kapelle, Ravenna
S. 19: Foto: Christian Dobmeier
S. 20: Foto: Christian Dobmeier
S. 21: Foto: Jürgen Tochtermann
S. 22: Papyrusfragment: Archiv
S. 23: Guter Hirte: Priscilla-Katakomben (3. Jh.), Rom; Iguacu-Wasserfälle: MEV-Verlag; Foto Junge: © KNA-Bild
S.24 Fotos Mittagessen, Frau mit Rosenkranz, Krankentransport: © KNA-Bild, Foto Junge: Herbert Birzele; Fotos Mädchen (2x): Christian Dobmeier
S. 25: Foto Momo: Interfoto
S. 27: Foto Junge: Christian Dobmeier; Fotos Mädchen, Priester: Herbert Birzele
S. 28: Gottesdienst: Archiv; Meditationsraum: Archiv; Fotos Pinnwand, Adventsbesinnung, Stundenanfang: Christian Dobmeier
S. 32/33: Foto Beduine: © KNA-Bild; Falkengott Horus: Archiv; Das Rätsel der Sphinx: Griechische Tonschale (5. Jh. v. Chr.); Raffael: Schule von Athen (Ausschnitt), Fresko (1509-1510), Stanza della Segnatura, Vatikan, Rom
S. 34: Snowboarder: © ZEFA (F. McCririck), Zeichnung Stuhl: Archiv
S. 35: Foto: © ZEFA (M. Dobel)
S. 36: Gottfried Sempé: André-Paul Poulot, Ende des ersten Teils. Aus: Sempé: So ein Zufall. Copyright © Diogenes Verlag AG, Zürich
S. 38: Hand an Triangel, Gleise: Archiv; Foto Ernte: Elisabeth Brogl, privat
S. 40: Zeichnungen: Isabel Maskos, Hanna Schmidt, Ottobrunn
S. 42: Foto: Archiv
S. 43: Nick Beale: Ymir (1995), Aus: Arthur Cotterell: Encyclopedia of Mythology © Anness Publishing Limited, London; Johann Heinrich Füssli (Henry Fuseli): Thor im Boot des Hymir (1790); Plakat zu Wagners „Götterdämmerung": Deutsche Oper Berlin
S. 44: Osirisstatuetten, Isis: AKG Berlin; Horusauge: Armreif des Königs Scheschonk I.: Archiv
S. 45: Das Gericht im Jenseits: Ägyptisches Museum, Berlin © Bildarchiv Preußischer Kulturbesitz 2003
S. 46: E. K. Birce: Poseidon und seine Pferde (um 1880); Foto Olymp: Erich Bulitta
S. 47: Ein König lässt sich von Pythia ein Orakel geben: Griechische Schale (um 480 v. Chr.)
S. 49: Karte: Archiv
S. 50: Rudolf Büder: Die Verheißung an Abraham. Aus: Büder: Biblische Bilder. Auer Verlag GmbH 1981
S. 51: Abraham und die drei Männer: Ausschnitt aus Mosaik in Santa

Maria Maggiore, Rom
S. 52: Moorleiche, sog. Mädchen von Windeby © Stiftung Schleswig-Holsteinische Landesmuseen, Schloss Gottorf
S. 53: Chagall: Die Opferung des Isaak (1932)
© VG Bild-Kunst, Bonn 2003
S. 54: Grab des Abraham in Hebron, Auszug aus Koran: Archiv; Christus in der Mandorla: Aus dem Evangeliar Heinrichs des Löwen, 1173/1188 entstanden. Herzog-August-Bibliothek, Wolfenbüttel, Cod. Guelf 105 Noviss., fol. 172 r.
S. 58/59: Foto Prachtbibel: Archiv; Waldemar Kern (1997): Jakobs Kampf © Waldemar Kern; Claes Cornelisz Moeyart: Die Brüder mit dem gefundenen Kelch vor Joseph (1633), Magyar Szépmüveszeti Muzeum, Budapest; Plakat „Joseph and the Amazing Technicolor Dreamcoat"
© Herbert Weixler; Zeichnung aus: Ivan Steiger sieht die Bibel, Katholisches Bibelwerk, Stuttgart 1986
© Ivan Steiger
S. 60: Werbeplakate: BILD-Zeitung; Opel;
Industriewerbung Dr. Wilkens
S. 61: Plakat „Ohne Sonntag gibt's nur noch Werktage": Evangelische Kirche in Deutschland
S. 62: Tonfigur: Archiv
S. 63: René Magritte: L'avenir des statues (um 1932), Wilhelm Lehmbrück Museum, Duisburg
© VG Bild-Kunst, Bonn 2003
S. 65: Rembrandt: Jakobs Kampf mit dem Engel (1659); Walter Habdank (1973): Jakobs Kampf
© VG Bild-Kunst, Bonn 2003; Waldemar Kern: Jakobs Kampf (1997) © Waldemar Kern
S. 66: Emil Nolde: Joseph erzählt seine Träume (1910) © Nolde-Stiftung Seebüll
S. 68: Meister der Josephslegende: Joseph und das Weib des Potiphar (um 1500), Alte Pinakothek, München; Foto: Artothek, Weilheim
S. 69: Plakat © Herbert Weixler
S. 70: Bilder zu Träumen von Mundschenk und Bäcker
© Edgar Berthold
S. 71: Zeichnung „Joseph deutet den Traum des Pharao"
© Helga Demmer, Wien
S. 73: Charles Thévenin: Joseph und seine Brüder (1789), Musée des Beaux Arts, Angers
S. 74: Rembrandt: Jeremias trauert über die Zerstörung Jerusalems (1630), Rijksmuseum, Amsterdam
S. 75: Zeichnung aus: Ivan Steiger sieht die Bibel, Katholisches Bibelwerk, Stuttgart 1986
© Ivan Steiger
S. 76/77: Foto Erde: MEV-Verlag; Zeichnungen
Mutter mit Säugling, Elija:
© Marc Rogat; Der gute Hirte: Mausoleum der Galla Placidia (1. Hälfte 5. Jh.), Ravenna
S. 80: Foto Schrein des Buches in Jerusalem: Mauritius (Vidler)
S. 82: Papyrusstauden, Jesaja-Rolle: Archiv; Zeichnung Papyrus
© Marc Rogat;
Codex: Archiv der Pädagogischen Stiftung Cassianeum, Donauwörth
S. 83: Bibel des Matteo di Parisio (um 1362): Archiv; Foto Kirchenfenster Ulmer Münster: © KNA-Bild
S. 84: Foto Priester: © KNA-Bild; Plakat: Bibelgalerie Meersburg;
S. 85: Foto „Schwerter zu Pflugscharen" (Jewgeni Wutschetitsch): AKG Berlin
S. 88/89: Fotos Jerusalem-Panorama, Straßenbeleuchtung: © KNA-Bild; Foto Turiner Grabtuch: AKG Berlin; Gerard von Honthorst: Hirtenanbetung (1622), Wallraff-Richartz-Museum, Köln; Zeichnung von Haus
© akg images/Peter Connolly

S. 90: Foto Turiner Grabtuch: AKG Berlin
S. 91: Zeichnungen (3x): Peter Connolly © akg images/Peter Connolly; Foto Backofen: Archiv
S. 92: Karte: Archiv
S. 93: Karte aus: Selina Hastings: Illustrierte Bibel für Kinder, Pattloch Verlag
© Dorling Kindersley Publishing Inc., London
S. 94: Statue des Augustus von Primaporta (um 17. v. Chr.), Museo Chiaramonti, Rom: Archiv
S. 95: Gentile da Fabriano: Engel (1423), Uffizien, Florenz
S. 96: Ludovico Urbani (1480): Die Anbetung der Hl. Drei Könige, Pinacoteca Vaticana, Rom
S. 97: Foto Weihnachtsbeleuchtung: © KNA-Bild
S. 98: Foto: dpa
S. 99: Zeichnung von Priestern: Peter Connolly
© akg images/Peter Connolly
S. 101: Foto: Mauritius (SST)
S. 103: Foto: Herbert Birzele
S. 104: Winchester Bibel (12. Jh.): British Museum
S. 105: Internetseite: http://www.caritas-freyung.de;
S. 106: Foto: Max Buchner, privat
S. 107: Foto Familie Wenig: Passauer Neue Presse
S. 110/111: Fotos Sagrada Famiglia, Augsburger Dom, Gruppe Jugendlicher in Toronto beim Weltjugendtreffen: © KNA-Bild; Foto Marterl: Marion Kuhn, Prosselsheim; Karikatur aus: Klaus Franken: Die Kirche lacht. München 1964; Kuppel des Petersdoms von innen: Scala, Florenz
S. 112: Foto Krankenhausflur: © ZEFA (M. Möllenberg);
Foto Gefängnis: Christian Neubauer;
Foto MacDonald's: Markus Brautfelder; Foto Geschäfte: Herbert Birzele
S. 113: Foto Augsburger Domsingknaben: Annette Zöpf, Augsburg; Ökumenischer Gottesdienst zur Erklärung zur Rechtfertigungslehre in St. Anna in Augsburg: © KNA-Bild; restliche Fotos: Herbert Birzele
S. 117: Taufbecken von Dom in Würzburg, Altar in Gnesen/Polen: © KNA-Bild; Fotos Dom in Eichstätt (10x): Rita Dollmann
S. 118: Foto St. Jakobus in Friedberg/Bayern: Archiv
S. 120/121: Foto Maria Laach (erbaut 1093-1156): © KNA-Bild;
Fotos Gernrode St. Cyriacus (begonnen 961), Kölner Dom (begonnen 1248, vollendet 1880), Nürnberg Lorenzkirche (erbaut 1353-1383), Ottobeuern (erbaut 1773-1766), Vierzehnheiligen (erbaut 1743): Archiv; Foto Burg Feuerstein (erbaut 1959/60)
© Fotostudio Bartels, Bamberg; Foto Ronchamp (1953-55): Archiv
S. 122: Foto Wieskirche: MEV-Verlag; Bildstock: Mauritius (Otto); Kreuz: Mauritius (Kabes); Guter Hirte: Mauritius (Bartel); übrige Fotos: Archiv
S. 123: Fotos: Archiv
S. 124: Foto: Archiv
S. 125: Foto: Archiv
Zeichnung: Archiv
S. 127: Dom in Würzburg, Liebfrauendom München: © KNA-Bild; übrige Fotos (5x): Archiv
S. 129: Zeichnung von Seitenansicht aus: Hermann Stützer: Frühchristliche Kunst in Rom. Köln: DuMont 1991 © Ursula Plag, Tübingen; Zeichnung von Grundriss nach: Stützer, S. 96; restliche Fotos: Scala, Florenz
S. 130/131: Foto Masithi-Singers: Missio; übrige Fotos: © KNA-Bild
S. 132: Fotos: Archiv
S. 133: Foto Hochaltar Eichstätt (Spätgotik 1480): Rita Dollmann; Foto Altar in Tschenstochau/Polen: © KNA-Bild

Textnachweis:

S. 11: Hans Thoma: Ich komm', weiß nit woher; zitiert nach Klaus Reblin: „Tanz im Labyrinth". Aus: Deutsches Allgemeines Sonntagsblatt, Nr. 13, erschienen am 1. April 1994

S. 12: Jostein Gaarder: Sofies Welt, übersetzt von G. H. Halbleinen. dtv-Verlag; Reihe Hauser, München 1999, S. 8/9

S. 25: Michael Ende: Was die kleine Momo konnte ... Aus: Michael Ende: Momo. Stuttgart: Thienemann, 31. Auflage 1996

S. 26: Lena Graw, Ottobrunn

S. 30: Das Lied der bunten Vögel, nach dem gleichnamigem Märchen von Anan Kobna; Zusammenfassung unter www.kinderkirche.de

S. 34: Hans Manz: Der Stuhl. Aus: 8. Jahrbuch der Kinderliteratur. Weinheim – Basel, Beltz Verlag 1988

S. 36: Rosemarie Künzler-Behncke: Was mein Vater sagt. Aus: 8. Jahrbuch der Kinderliteratur, Beltz Verlag, Weinheim-Basel 1988, S. 40

S. 38: Rudolf Otto Wiemer: Das Unsichtbare. Aus: Elsbeth Bihler: Symbole des Lebens und Glaubens. Lahn Verlag, Limburg 1997, S. 175; Friedrich Dietz: ... was du siehst. Aus: F. D.: Zwei Minuten vor dem Tag. Geschichten und Gebete, Kevelaer 1992, S. 91

S. 39: Die Alte, die auf Gott wartete. Nach Carl Herman Tillhagen: Taikon erzählt Zigeunermärchen und -geschichten. Zürich 1948

S. 40: Aus: Fynn: Anna schreibt an Mister Gott. Neues von Anna über Gott und den Lauf der Welt, übersetzt von Jörg Andreas. Fischer Taschenbuchverlag, 2. Auflage, Frankfurt/Main 2001

S. 41: Lied der Trommel. Aus: Haas/Stonis (Hrsg): Was Mut macht, Religion 3/4, Lahr/Frankfurt-Main, Ernst Kaufmann 1986, S. 119

S. 45: Negatives Sündenbekenntnis. Aus: Jan Assmann: Ma'at. Gerechtigkeit und Unsterblichkeit im Alten Ägypten. München 2001, S. 137 ff.

S. 48: Textstellen aus: Herodot: Historien 1, 47.53

S. 52: Aus: Plutarch: Über den Aberglauben, Kapitel 13

S. 54: Abrahamslegende nach Erzählungen aus der jüdischen Überlieferungen eines Midrasch

S. 57: Gott ist anders als wir denken. Aus: S. Berg (Hrsg): Lieder, Bilder, Szenen im RU, Band 4, Stuttgart: Calwer 1979

S. 87: Maria Baldus-Cohen-Or: Schattenzeiten-Lichtspuren. Frauenportraits. Düsseldorf 1998

S. 107: Martin Wanninger: Die Wenigs und der Mehrwert Menschlichkeit, Artikel in der Passauer Neuen Presse, Nr. 104, 5. 5. 2001

S. 109: Lateinische Inschrift, 1890 in Priene entdeckt. Aus: Hubertus Halbfas: Religionsbuch 7/8. Patmos, Düsseldorf 1993, S. 68

Lieder:

S. 11: Vergiss es nie!
T: Jürgen Werth, M: Paul Janz
© Paragon Music Corp. Für D/A/CH: Copycare Deutschland, Holzgerlingen

S. 22: Mit meinem Gott überspringe ich Mauern; M: Reinhard Daffner

S. 39: Du bist da, wo Menschen leben
T und M: Detlev Jöcker
© Menschenkinder-Verlag, Münster

S. 69: Aus: Joseph and the Amazing Technicolor Dreamcoat, M: Andrew Lloyd Webber, T: Tim Rice; übersetzt von Heinz Rudolf Kunze;
© Edition Really Useful Group Germany/ Für D/A/CH: Universal Music Publ. GmbH, Berlin

Gedruckt auf umweltbewusst gefertigtem, chlorfrei gebleichtem
und alterungsbeständigem Papier.

1. Auflage. 2003
Nach der Neuregelung der deutschen Rechtschreibung

Illustrationen: Gretje Witt
Layout, Satz und Litho: Albert Graf, Augsburg
Druck und Bindung: Ludwig Auer GmbH, Donauwörth
ISBN 3-403-0**3688**-X